«ESTE NO ES EL EVANGELIO QUE QUISE OFRECERTE».

(Un curso de milagros, T-4.In.3:10)

ENRIC CORBERA

EL GRANO Ð MOSTAZA

Título: «Este no es el evangelio que quise ofrecerte». (**Un curso de milagros,** T-4.In.3:10)
Autor: Enric Corbera Sastre
Primera edición: junio de 2014
© Ediciones El Grano de Mostaza

Impreso en España
ISBN: 978-84-942482-8-3
Depósito Legal: B 13413-2014

EDICIONES EL GRANO DE MOSTAZA
Carrer de Balmes 394, principal primera
08022 Barcelona
www.elgranodemostaza.com

«ESTE NO ES EL EVANGELIO QUE QUISE OFRECERTE».

(Un curso de milagros, T-4.In.3:10)

ENRIC CORBERA

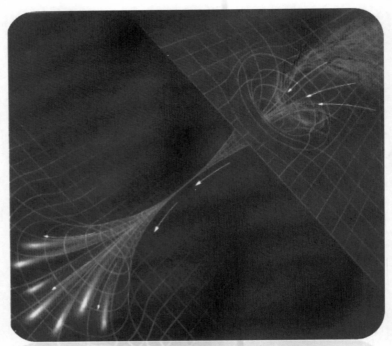

Agujero blanco/negro

AGRADECIMIENTO

Al Ser que nos ilumina a todos.

A estos espejos que son todos mis hermanos,
que me enseñan todo aquello
que no podría ver por mí mismo.

A todas estas personas que se cruzan
en mi camino, maestros
que me ayudan a entrar en
mi inconsciente y me permiten sanarme.

A todos estos hermanos que comparten
su vida con la mía.
A los que se fueron, a los que están y a los que vendrán.
Sencillamente, ¡¡gracias!!

Enric Corbera

ÍNDICE

PRÓLOGO

Descubrí a Enric Corbera, como tanta gente, a través de sus vídeos. De eso hace casi dos años. En aquella época, yo estaba terminando la novela *La terapeuta* y no me fijaba en nada más. Sin embargo, un día vi en las redes sociales los vídeos de un hombre campechano que decía que el mundo, tal y como lo conocemos, no existe. Pensé que era una broma. Me hizo reír. Y, desde entonces, por la noche, en vez de distraerme con la televisión (en aquel entonces yo aún no había tirado la televisión) miraba en Youtube los vídeos de aquel hombre campechano llamado Enric. Lo que contaba me parecía más ficción que mi libro de ficción.

Así, me fui interesando por él, por su mensaje y por el libro azul que siempre tenía a su lado llamado *Un curso de milagros*. Las palabras «milagro», «perdón», «expiación» y otras me echaban para atrás, igual que a otra gente, e incluso igual que a la escriba del propio libro, Helen Schucman. Sin embargo, fui descubriendo que lo importante era el mensaje detrás del lenguaje. ¿Qué mensaje? Si se pudiese resumir en una frase, no habría valido la pena escribir el magnífico libro que el lector tiene entre las manos.

Solo diré que en Zaragoza, en uno de los cursos de Enric Corbera, un hombre sabio, un médico mayor, me dijo: «El mensaje de Enric es lo más parecido a la verdad que he escuchado en toda mi vida».

Y una monja, que hace más de diez años que asiste a sus cursos, me dijo que, gracias a él, había descubierto al Dios verdadero. También hablé, en Zaragoza y en Barcelona, con bastantes de los asistentes presenciales a sus conferencias y descubrí que muchos son terapeutas y psicólogos que afirman que gracias a Enric Corbera tienen más herramientas para ayudar a sus pacientes. ¿Qué herramientas? Para empezar, el perdón (tal y como lo entiende *Un curso de milagros*) y la renuncia al juicio.

Me pregunté por qué Enric Corbera, un gran comunicador y una celebridad en Internet, no era más conocido en los medios de comunicación. No tenía sentido que los medios informásemos sobre todo tipo de violencia —reforzándola, en muchos casos— y, en cambio, no dijésemos nada sobre un hombre seguido por centenares de miles de personas que buscan la paz interior. Detrás de Enric Corbera no hay ninguna secta, ninguna religión, ninguna organización. Está él solo (con su maravilloso equipo) haciendo la travesía del desierto. Así será hasta que una masa crítica de personas logre desembarazarse del velo inextricable que recubre su percepción del mundo, el velo de la ilusión. Enric Corbera, en este libro, lo dice a su manera: «Este es un mundo de locos, de un sin sentido que ya no se puede aguantar más».

Decidí poner mi grano de arena —sin juzgar nada; como un notario— para que más oyentes y lectores conociesen a Enric Corbera. Y aquí estoy, escribiendo este pequeño texto que el lector hará bien en saltarse, porque lo importante es lo que viene en las siguientes páginas: lo más radical que ha escrito Enric. Como diría él: «Una patada en las neuronas». El libro empieza con la revelación que el autor tuvo sobre cómo surgió todo. «¿Para qué la vida?», exclaman las pequeñas unidades de luz a las que se refiere. Es fascinante la teoría del agujero blanco, que muchos desconocíamos. Y lo que viene después es la explicación, con todo lujo de detalles, de las afirmaciones que —en los vídeos, la primera vez que las oye— sumen a uno en un estado de perplejidad. Soy incapaz de resumir tantos conceptos; solo diré que mi perplejidad continúa después de haber leído *Este no es el Evangelio que quise ofrecerte*.

Es asombroso lo que Enric explica cuando habla del mundo de la ilusión, de la enfermedad, de la muerte, de Dios, de las relaciones especiales, del sacrificio (sostiene que el sacrificio ha sido «incrustado» en nuestras mentes y llega a afirmar que «es la causa de todos nuestros males y enfermedades»); los mitos que desmonta sobre el ego espiritual (algunos colegas espirituales se van a molestar), sobre el camino de regreso a casa; su punto de vista y su experiencia personal sobre la reencarnación («ese gran engaño del ego») o sobre el mundo real («no es un lugar, es un estado mental»).

Como dice el escritor y economista de formación Raimón Samsó (antiguo alumno de Enric): «Si todo esto es cierto, lo que nos han contado hasta ahora no lo es».

Y Enric Corbera lo escribe con palabras llanas que todo el mundo entiende. A mi modo de ver, ese es uno de sus mayores méritos: hacer pedagogía de otra forma de vivir y de entender la vida y la muerte, la enfermedad y la curación, la mente y el cuerpo. «Tiene que haber otra forma», se dijo hace veintidós años. Y la descubrió y la cuenta sin rodeos. Enric Corbera es, quizá, el orador más políticamente incorrecto. Pero, gracias a esa incorrección, llena de coraje y de una convicción íntima de lo que ha venido a hacer a esta vida (aunque la vida no exista ni la reencarnación tampoco), Enric está contribuyendo decisivamente a lo que la matemática Annie Marquier ha llamado «la liberación fundamental del Ser». Annie Marquier es fundadora del Instituto de Desarrollo de la Persona de Quebec (Canadá); y, según ella, el ser humano ha olvidado que hace millones de años comenzó un juego que consistía en ignorar su esencia divina. Enric Corbera nos recuerda esa esencia divina. Entre chiste y chiste. Los verdaderos benefactores de la humanidad suelen ser divertidos.

Gaspar Hernández*

---

* Gaspar Hernández es escritor y periodista. Su último libro es *La terapeuta* (Planeta). En Catalunya Ràdio dirige y presenta el programa *L'ofici de viure (El oficio de vivir).*

INTRODUCCIÓN

Queridos lectores, esta obra es la explicación del camino de regreso a casa. En ella se expone cómo surgió todo y cuál fue el sentido inicial de este proceso. Se hace imprescindible llegar hasta el final de su lectura para poder comprender lo que pretendo explicar. No se puede leer por capítulos separados, pues todo lo expuesto tiene su lugar y su razón de ser. Esta obra está completamente inspirada en *Un curso de milagros,* que estudio y aprendo a base de enseñarlo desde hace más de veinte años.

Este libro aborda los mismos temas desde puntos diferentes o, lo que es lo mismo, desde percepciones diferentes. Parto de que es la percepción la que debe ser sanada, puesto que determina nuestro estado mental, así como nuestras creencias, tabús y todos los prejuicios. Consta de dos partes fundamentales:

- *En la primera se describe la proyección de la Mente Original, la teoría del Todo y la fabricación del mundo de la ilusión o mundo del ego.*

- *La segunda parte trata del regreso a casa. Existe una percepción del ego y otra del Espíritu Santo; la segunda nos lleva al mundo inocente, y de este al mundo real.*

El título ya define lo que esta obra pretende: se trata de una breve frase medio escondida en el texto de *Un curso de milagros.* Tenemos que reinterpretar el mundo que vemos, función que, según afirma el *Curso,* lleva a cabo el Espíritu Santo: «El Espíritu Santo es el maestro perfecto. Se vale únicamente de lo que tu mente ya comprende para enseñarte que tú no lo comprendes» (T-5.III.10:1-2).

UCDM nos enseña a diferenciar el mundo de la ilusión del mundo real, nos dice que en este mundo no hay ningún valor por el que valga la pena luchar, porque este mundo no existe, es un sueño, es una ilusión y, por eso, no hay que reforzarlo intentando entenderlo y explicarlo. Lo que no es real no tiene sentido ni explicación.

> Nada real puede ser amenazado.
> Nada irreal existe.
> En esto radica la paz de Dios.
>
> (*UCDM*, Prefacio)

Por eso, a lo largo de esta obra pretendo deshacer las creencias que sostienen el mundo de la ilusión, para que podamos adentrarnos en un mundo inocente cuya percepción nos permita entrar en el mundo real.

Este libro hará tambalear todas nuestras creencias. Lo cierto es que este es su principal objetivo, deshacerlas, porque ellas nos impiden ver el mundo real. Puede parecer un proceso doloroso, y en verdad lo será, aunque solo al principio, pues, poco a poco, iremos dándonos cuenta de que vivimos en un sueño y en una locura permanente.

Todos tenemos una función especial en el deshacimiento del mundo. Cada uno tiene un cometido particular y otro general. Este último consiste en *demostrar que el mundo, y no Dios, es el demente.*

Cuantas más mentes despierten a una mentalidad milagrosa —que supone la sanación de la percepción—, más fácil será colapsar el tiempo como expresión de la separación.

> A la larga, todo el mundo empieza a reconocer, por muy vagamente que sea, que *tiene que* haber un camino mejor.
>
> (T-2.III.3:6)

En este libro remarcaré muy claramente que todo lo que vivimos en este mundo es falso, que no hay nada por lo que valga la pena sufrir y sacrificarse, porque nada existe. Dedicar nuestra atención a las cosas de este mundo refuerza la creencia en su existencia, y esto nos mantiene atados al sueño, porque creemos en sus valores. En esto, no hay término medio: o lo tomas o lo dejas, no se puede servir a dos amos. En este sentido, mi libro puede parecer muy duro. Pero, al leerlo, se aprecia el profundo amor que en él anida, porque su objetivo es la paz interior conseguida como consecuencia de no hacer juicios, no por sacrificio, sino porque sabemos que juzgar es imposible.

Para comprender todo esto y ponerlo en su justo lugar, recomiendo al lector que no caiga en la tentación de enjuiciarlo antes de hora, y que se permita leerlo de principio a fin. Entonces tendrá una visión global del objetivo del libro, y con ese conocimiento podrá decidir y elegir.

Esta obra es una experiencia personal, y como tal la expongo. Compartir es una forma de reforzar las nuevas percepciones que uno va adquiriendo en esta vida. Despertar es asumir que estamos dormidos, que de alguna forma estamos programados. Como dice *UCDM*, nadie puede despertar de un sueño que no cree estar soñando.

Este libro también pretende destacar la importancia de nuestros pensamientos como hacedores del mundo en el que vivimos, así como la necesidad de sanarlos y de tomar conciencia de que el mundo que vemos es la proyección de nuestro estado mental.

Debemos eliminar de la mente los sentimientos de culpa, que son los que nos mantienen atados a los diferentes estados mentales de dolor, de sacrificio y de sufrimiento.

El perdón es la gran herramienta para deshacer el mundo de la culpabilidad y abrir la mente a percepciones más excelsas de la realidad. Nos permitirá despertar y saber que todo ha sido un sueño, una pesadilla en la que la separación parecía real, y la culpabilidad y el pecado eran tan ciertos que ni el propio Dios nos podía perdonar. Este mundo es el infierno que queremos evitar, sin ser conscientes de que, para ir al Cielo, basta con despertar y traerlo a la Tierra. Con ello, quiero decir que el Cielo es un estado mental que hay que llevar a los hijos de Dios que creen estar separados. Esta es una de las funciones de los maestros que enseñan y aprenden el *Curso*.

Para terminar, querido lector, quisiera decirte que muchas veces esta obra ha sido escrita en estado de inspiración, durante un proceso interno que aún continúa, un proceso vivido en soledad, en el que me he sentido como si predicara en el desierto. Muchas veces me he sentido solo, aunque muy bien acompañado. Es la soledad de una partícula de la Mente Original que ve el mundo de una manera tan diferente que muchas veces piensa que ha perdido la cordura. En esos momentos, le pedía ayuda al Espíritu Santo: le pedía que me guiara, que me diera aliento, que me respondiera. Y así sucedió: la respuesta vino en forma de un poema que me escribió un amigo que lleva más de diez años asistiendo a mis cursos y seminarios. Quiero compartirlo con todos vosotros sin ninguna pretensión, porque me dio paz y me alentó para seguir mi camino. Sus frases son maná para mi mente, como agua fresca en una calurosa tarde de verano; sus frases certifican que el mensaje no cae en tierra estéril y que son muchos los que escuchan. Y, aunque yo no sepa nada de ellos, siempre hay alguien que habla por todos. Gracias, querido Juan Antonio Falcón.

ENRIC

Astro brillante que ilumina,
o volcán que conciencias atrapa.
¿Quién a Enric definir puede?
¿Cómo a lo excelso describir?
Enric es Enric.

Natural y atípico a la vez,
pero axioma de la coherencia.
Con inconfundible discurso,
a lo profano confunde, pues las brumas disipa.

Profeta que sobre olas camina,
y, así, espíritus eleva;
y, así, a sus hermanos guía.
Entre nubes la verdad refleja,
para que miles de espejos la esparzan.
Ácrata de lo mundano,

voz de lo eterno,
siempre su corazón entregando.
Espiral que a los ángeles conduce,
siempre murallas rompiendo.

Barrendero o notario de lo divino,
quizás misionero en la Tierra,
si bien testigo del paraíso.
Por todo esto, y tanto más,
a ti, Enric, agradecimiento y afecto.

Juan Antonio Falcón*, 22 de febrero de 2014

---

* Juan Antonio Falcón es autor de diversas obras. Entre ellas se encuentran *El mar de los sueños; El reino del Punt, el paraíso de los faraones; Al atardecer cien y más cartas de amor.* Ha participado en tres antologías de poesía: *Estrella fugaz, Calma infinita y Vivencias secretas.* También es autor de numerosos artículos sobre relaciones y sobre economía internacional.

PRIMERA PARTE: LA PROYECCIÓN

En realidad no ha ocurrido nada, excepto que te quedaste dormido y tuviste un sueño en el que eras un extraño para ti mismo y tan solo una parte del sueño de otro. El milagro no te despierta, sino que simplemente te demuestra quién es el soñador. Te enseña que mientras estés dormido puedes elegir entre diferentes sueños, dependiendo del propósito que le hayas adscrito a tu soñar.

(T-28.II.4:1-3)

1

LA TEORÍA DEL TODO

La mente humana puede reventar si insiste en preguntarse por qué estamos aquí. La dificultad no estriba solo en intentar responder esta pregunta, pues tiene multitud de respuestas, sino en el mismo planteamiento acerca de por qué existe la vida. Y si se admite que esta tiene un origen, un principio que sustenta y alimenta el Todo, entonces viene la pregunta más inquietante de todas: si existe este principio de inteligencia, ¿de dónde surge?

Ahora mismo, mi mente está inquieta porque le estoy haciendo una pregunta para la que, según creo y siento, ella no tiene respuesta.

¿Cómo es posible que mi mente pueda hacerse una pregunta y, al mismo tiempo, sentir que se desequilibra? Ahora, mientras intento escribir sobre ello, noto que mi cerebro soporta una gran tensión. Estoy cuestionando su propia existencia (la del yo como ser pensante) al plantearme: «Si yo soy mente, esta debe tener un Origen del cual emana».

Todo tiene un Origen, y este debe tener un propósito, un fin en sí mismo. ¿De dónde surge este Principio, este Origen, esta Mente? Esta pregunta se contesta por sí misma, porque, si es un Principio, un Origen, la Mente misma es por siempre. Entonces, ¿por qué no logro la paz mental, por qué siento que hay algo más y, a la vez, siento que no puedo alcanzar la respuesta? Seguir pensando en ello me da vértigo. Mi espíritu no se calma, sabe que pertenece a un Todo, y que este Todo es por siempre.

Voy a formular la pregunta al revés: «Si existo, si poseo la esencia de mi Origen ancestral, si mi mente es la parte que contiene al Todo, y este está en cada parte, entonces ¿es posible que obtenga la respuesta observando mis creaciones, observando mi mundo? ¿Puedo saber de mí mismo, de mi espíritu creador? ¿Puedo saber la esencia de mi Origen, de la Fuente de la cual se extiende Todo? Y si llego al Origen, a la Fuente, y aplico el mismo procedimiento, debo obtener la respuesta a la pregunta definitiva: ¿qué había antes del Origen?».

Un sueño revelador

La revelación produce una suspensión completa, aunque temporal, de la duda y el miedo. Refleja la forma original de comunicación entre Dios y Sus creaciones, la cual entraña la sensación extremadamente personal de creación que a veces se busca en las relaciones físicas.

(T-1.II.1:1-2)

La revelación te une directamente a Dios.

(T-1.II.1:5)

La revelación es algo intensamente personal y no puede transmitirse de forma que tenga sentido. De ahí que cualquier intento de describirla con palabras sea inútil. La revelación induce solo a la experiencia.

(T-1.II.1:1-3)

Cuando uno tiene una revelación, sencillamente sabe que la tiene. No hay duda, no hay miedo, no hay cuestionamientos, solamente hay certeza. La mente se aquieta y hace algo que quizá nunca antes había hecho: deja que la información emane de ella sin intervención de una de sus creaciones: el ego. Este no puede intervenir: queda anulado temporalmente, se lo aparta, se lo silencia. Después de la revelación, todo parece volver adonde estaba. Pero ya nada es igual: la mente se ha hecho consciente de algo que estaba en ella, pero que no expresaba. El ego retoma su sitio. Pero todo es diferente, pues la revelación de que él es fabricado por una mente que está dividida lo pone en su justo lugar, lo quita del trono.

La revelación induce solo a la experiencia.

(T-1.II.2:3)

La experiencia

Imaginemos un punto de una magnitud inimaginable, un punto de energía, de información, cuya densidad extrema escapa a los cálculos de la física.

A este punto de una densidad extrema, quizá infinita, le llamaré Protomente. Esta Protomente decide experimentarse a sí misma y, para ello, emplea una cualidad esencial —diría que la esencia de Todo— que es la extensión.

La Protomente se extiende a sí misma y, al hacerlo, trasmite esta cualidad fundamental a cada una de sus partes indivisas.

En esa extensión surgen dos dimensiones que se expanden a una velocidad incalculable, formando una especie de tapiz de energía inteligente, llena de información —potencialidad pura—, con plena conciencia de quién es, de dónde procede y de para qué se extiende. Lo hace simplemente para extenderse, pues su cualidad fundamental es la energía, el motor que impulsa a cada partícula que conforma este tapiz, al que llamaré Mente Original. Los pensamientos de esta mente se alimentan de la necesidad de seguir experimentándose a sí misma. Cada partícula de este inmenso tapiz tiene la misma inquietud y tiene que darse respuesta a sí misma.

Diferentes partes de este tapiz decidieron experimentarse de distintas maneras. Todas ellas interconectadas y formando una sola Unidad decidieron jugar a no ser lo que en realidad son, a experimentar el «no ser» para saber lo que en verdad son.

Algunas partes de esta Mente Original cuestionaron la idea y advirtieron el riesgo de perderse, de olvidar su verdadera identidad, de no recordar que solo se trataba de un juego.

La respuesta a todas estas preguntas surgió del interior de ellas mismas: «Nunca podremos dejar de ser quienes somos». Entonces crearon el pensamiento original: «Vamos a experimentarnos separadas».

Por ser creadoras, todo lo que ellas piensan es, y entonces surgió una extensión de ellas mismas —de un grupo de partes de esta Mente Original— que formó un holograma. Ellas, al ver esta proyección tridimensional, se rieron. Les gustó mucho el juego de verse a sí mismas en una dimensión nueva. «Bien —se dijeron—, pero nosotras no somos este holograma; es una creación, ciertamente, pero no tiene vida en sí mismo». Entonces dieron el paso fundamental: proyectar en el holograma una parte de ellas llamada conciencia. Al hacerlo, surgió la cuarta dimensión, que es la que sustenta y alimenta todo este holograma cósmico.

Ahora, ellas ya no se extienden, se proyectan, porque este pensamiento original fue el «error original». Error porque es imposible que la separación exista y, como es imposible, es irreal. Por eso se lo llama sueño o ilusión.

> Ningún Hijo de Dios puede perder esa facultad, ya que
> es inherente a lo que él es, pero puede usarla de forma
> inadecuada al proyectar. El uso inadecuado de la extensión
> —la proyección— tiene lugar cuando crees que existe en ti
> alguna carencia o vacuidad, y que puedes suplirla con tus
> propias ideas, en lugar de con la verdad.
>
> (T-2.I.1:6-7)

Para no perderse, cuando se proyectaron, solo lo hicieron con una pequeña parte de sí mismas, a la que llamamos conciencia. La otra parte es el inconsciente, que es el camino de vuelta a casa, el cordón umbilical que las conecta a la conciencia de la Mente Original.

Para experimentar la separación, es imprescindible crear un instrumento con el cual percibirla. Entonces fabricaron una unidad biológica: el cuerpo. La unidad biológica tenía un órgano, el cerebro, capaz de regular las frecuencias, de percibir a través de los sentidos una realidad determinada. Esta realidad se manifiesta en una estrecha franja de las infinitas frecuencias que la rodean. Así, el cerebro, que es emisor/receptor, solo percibe una estrecha banda de frecuencias; y lo que observa también vibra a esas frecuencias, de tal forma que, cuando se tocan, se perciben como algo separado.

La conciencia —el nivel de percepción— fue la primera
división que se introdujo en la mente después de la
separación, convirtiendo a la mente de esta manera en un
instrumento perceptor en vez de en un instrumento creador.
La conciencia ha sido correctamente identificada como
perteneciente al ámbito del ego.

(T-3.IV.2:1-2)

Este mundo tiene sus propias leyes que regulan esta separación. Son
las leyes de la física clásica, las leyes de la naturaleza, expresión de una
magnífica coherencia. Coherencia de la separación, en que el observador no influye en lo observado.

La mente es muy activa. Cuando elige estar separada,
elige percibir.

(T-3.IV.5:2-3)

La capacidad de percibir hizo que el cuerpo fuese posible,
ya que tienes que percibir *algo* y percibirlo *con* algo.
Por eso es por lo que la percepción siempre entraña un
intercambio o interpretación que el conocimiento
no requiere.

(T-3.IV.6:1-2)

La proyección empezó a multiplicarse, hasta el punto en que las
partes de la Mente Original olvidaron de dónde procedían y quiénes eran realmente. Entonces se identificaron con el cuerpo y el
ego —creaciones de la mente como expresión de la separación—,
que rigen las vidas en este sueño, donde el miedo es la emoción
reinante. Nació la mente individual, una mente dual, dividida entre
el bien y el mal. En este punto, se pueden aplicar las analogías bíbli-
cas de Caín y Abel, y del sueño de Adán, del cual todavía no hemos
despertado.

En este sueño de separación, empezó a crecer una energía oscura
que emanaba de las mentes que se sentían separadas. Esta energía
lleva por nombre *miedo*, y alimenta la creencia en la soledad, la mayor de las locuras. El sentimiento de soledad aumenta el miedo, que

a su vez incrementa el egoísmo, que alimenta la crueldad. Así se puso en marcha un círculo sin fin de acción y reacción: el ciclo de las encarnaciones. Un ciclo de dolor, sufrimiento, enfermedad, de creencia en la muerte, en los problemas; todos ellos, en definitiva, hijos de la creencia madre en la separación.

La locura dentro del holograma

La mente individual, perdida en su locura, busca denodadamente llenar este inmenso vacío que ha creado, y lo que hace es buscar el amor en partes de este todo, que cree separado de ella. Ahora, es inconcebible para ella pensar que pertenece a una unidad indivisa. Nacen las relaciones especiales, que surgen de la creencia de que es posible encontrar un amor especial que proteja de la soledad.

La mente separada, unida a otras mentes que se sienten igual, fabrica mundos —hologramas paralelos— que alimentan el miedo a la separación. Hablo de las religiones; hablo de mundos celestiales; mundos infernales; mundos teologales; mundos donde no hay nada, porque la mente cree que, al morir, dejará de existir; mundos para todos los gustos. Una infinidad de estadios holográficos que permiten a la mente seguir viviendo el sueño de la separación.

La mente individual está tan perdida que no sabe que está conectada a su Fuente. No tiene conciencia de que su sentimiento de separación la hace «fabricar» en lugar de «crear». La mente —que no pierde sus facultades aunque se sienta separada, porque es hija de la Mente Original— fabrica constantemente, y su alimento es la creencia en la carencia y en la necesidad.

> Desde que se produjo la separación ha habido una gran confusión entre las palabras «crear» y «fabricar». Cuando fabricas algo, lo haces como resultado de una sensación específica de carencia o necesidad [...]. Cuando haces algo para remediar lo que percibes como una insuficiencia, estás afirmando tácitamente que crees en la separación.
>
> (T-3.V.2:1-2,4)

La desesperación aumenta en esta mente que se halla perdida, que busca la solución fuera de sí misma, sin darse cuenta de que cuanto más busque afuera, más perdida se hallará.

Por eso *UCDM* nos dice: «La enfermedad es una forma de búsqueda externa. La salud es paz interior» (T-2.I.5:10-11).

Pero *UCDM* también nos recuerda algo que nos ayuda a tranquilizarnos: «Puedes aplazar lo que tienes que hacer y eres capaz de enormes dilaciones, pero no puedes desvincularte completamente de tu Creador, Quien fija los límites de tu capacidad para crear falsamente» (T-2.III.3:3).

La vuelta a casa

Ante un error de tal magnitud, la Protomente experimenta que sus extensiones no se comunican con ella y, además, ella no se puede comunicar con esa parte de sí misma porque está dormida. Su Hijo está inmerso en un sueño de separación, donde el miedo campa a sus anchas.

La Protomente sabe que, si entra en el sueño de su Hijo, lo hará real, y entonces su despertar sería imposible. Esta mente no puede entrometerse en las creaciones de su Hijo, aunque sean falsas, porque eso significaría que es capaz de atacarse a sí misma, lo cual es totalmente imposible.

La Protomente hace una segunda extensión de sí misma hacia la Mente Original y esta hacia la mente individual —que, a su vez, se divide en mente errónea o ego y mente recta o espíritu—, como una «voz» que se instala en el corazón de esta unidad biológica, hablándole, enseñándole el camino de vuelta a casa.

Toda la información sobre el camino de vuelta a casa se encuentra en el corazón. Se trata de una unidad de información a la que llamaré «átomo primordial». En él se halla la información acerca de lo que cada alma debe hacer para regresar a casa. Es un camino particular y, al mismo tiempo, una vía única. Dicho de otra manera: cada uno tiene su propia manera de llegar a casa, aunque el camino es el mismo para todos.

Esta información —esta voz sin palabras— nos recuerda quiénes somos, de dónde procedemos; nos muestra el camino mediante una enseñanza dual, porque la mente percibe así. Enseña mediante opuestos, pero, sobre todo, nos enseña a cambiar el modo de percibir.

> [...] la percepción tiene que ser corregida antes de que
> puedas llegar a saber nada. Saber es tener certeza.
>
> (T-3.III.1:2-3)

Como la mente individual se halla tan identificada con el cuerpo, esta «voz», que a partir de ahora llamaré Espíritu Santo, se utiliza para comunicar. La comunicación puede producirse dentro de uno mismo o entre uno y los demás.

> La comunicación directa se interrumpió al tú inventar otra voz.
>
> (T-5.II.5:7)

> Por eso es por lo que tienes que elegir escuchar una de las
> dos voces que hay dentro de ti. Una la inventaste tú, y no
> forma parte de Dios. La otra te la dio Dios, Quien solo te pide
> que la escuches.
>
> (T-5.II.3:4-6)

Para volver a casa —a nuestro Origen—, debemos hacer una inversión, debemos volver atrás. Esto conlleva confusión, pues volver atrás se puede entender —de hecho, se entiende— como deshacer un camino recorrido. Cuando el ego lo puede aceptar, nos dice que es muy difícil. El ego lo interpreta desde la separación, pero la voz nos dice que no tenemos que deshacer nada, porque lo que creemos haber hecho no es real, solamente está en la mente y, precisamente, el proceso de deshacer o desaprender también está en ella.

¿Qué hay que deshacer o desaprender?: la manera de ver e interpretar el mundo. Debemos darnos cuenta de que, hasta ahora, veíamos el mundo como algo separado de nosotros, pensábamos que las circunstancias que nos rodeaban y rodean eran fortuitas, que nuestra percepción de las cosas era real.

Tenemos que invertir la forma de percibir. Es una inversión del pensamiento que nos llevará a utilizar la mente de otra manera, a percatarnos de que es inmutable y de que, aunque nunca deja de trabajar, es infinitamente maleable.

Debemos recordar, volver a aprender, volver a saber quiénes somos y desaprender lo que creemos ser. Para que este proceso se realice sin traumas, tenemos que tomar conciencia de que nuestra forma de ver el mundo que nos rodea tiene dos aspectos:

1. El ego proyecta, y lo hace para sentirse separado. Proyecta sus creencias en el mundo, aquella parte de la mente que no desea asumir y de la que no quiere responsabilizarse.

2. El Espíritu Santo se extiende, y lo hace viéndose en los demás y en todo lo que lo rodea. Él solo ve una Unidad expresándose en una magnífica diversidad de formas, colores, circunstancias y relaciones: una muestra de la capacidad infinita de la mente.

Algunas partes de esta Mente indivisa que están viviendo en el sueño de separación se dan cuenta de que esto no tiene por qué ser así. Este mismo pensamiento crea las condiciones para volver a casa. Aquí empieza la auténtica inversión del pensamiento: el antídoto del pensamiento original en la separación.

Recapitulemos

- Vivimos la experiencia de separación, el sueño, cuando la Mente Original decide jugar a la experiencia de «no ser» para tomar plena conciencia de que es. Para ello, crea un pensamiento que produce el sueño: «Vamos a experimentarnos a través de la separación».

- La experiencia de vivir separado hace que se experimente dolor, sufrimiento, enfermedad y muerte. Llega un momento en que estas pequeñas partes de la Mente Original se cansan y crean un nuevo pensamiento que niega la realidad que están viviendo y dicen: «Esto no tiene por qué ser así». Tiene que haber otra manera; la vida tiene que tener otro sentido; no puede ser que vengamos a este mundo de penalidades, de trabajo, de esfuerzo para que, al final del trayecto, se nos premie o se nos castigue. «¿Para qué es la vida?», exclaman esta pequeñas unidades de luz.

En el capítulo 27, «La curación del sueño», *UCDM* nos dice algo con referencia a todo lo expuesto:

> Hubo un tiempo en que no eras consciente de cuál era la causa de todo lo que el mundo parecía hacerte sin tú haberlo pedido o provocado. De lo único que estabas seguro era de que entre las numerosas causas que percibías como responsables de tu dolor y sufrimiento, tu culpabilidad no era una de ellas. Ni tampoco eran el dolor y el sufrimiento algo que tú mismo hubieses pedido en modo alguno. Así es como surgieron todas las ilusiones. El que las teje no se da cuenta de que es él mismo quien las urde ni cree que la realidad de estas dependa de él. Cualquiera que sea su causa, es algo completamente ajeno a él, y su mente no tiene nada que ver con lo que él percibe. No puede dudar de la realidad de sus sueños porque no se da cuenta del papel que él mismo juega en su fabricación y en hacer que parezcan reales.
>
> (T-27. VII.7:3-9)

> Nadie puede despertar de un sueño que el mundo esté soñando por él. Pues en ese caso él se ha convertido en parte del sueño de otro. No puede elegir despertarse de un sueño que él no urdió.
>
> (T-27. VII. 8:1-3)

El *Curso* nos explica cómo se crea el mundo de la ilusión y cómo nos ayuda el Espíritu Santo mediante la reinterpretación y la inversión de pensamiento. De hecho, Él es el maestro que nos inspira a cambiar de mentalidad. Al cambiarla, utilizamos el instrumento más poderoso que tenemos para transformar nuestra vida y despertar de este sueño en el que nos encontramos atrapados por creer que la separación es real.

El paradigma cuántico

Agujero negro, agujero blanco

La teoría del agujero blanco todavía no está plenamente demostrada. Matemáticamente es posible, y si existe un agujero negro —aunque Einstein no creía en ellos—, es lícito teorizar y pensar en la existencia del agujero blanco.

Veamos las definiciones de ambos:

- **Un agujero negro** *es aquel lugar espacio-temporal que absorbe todo lo que se le acerca y de donde ni la luz ni la materia pueden escapar.*
- **Un agujero blanco**, *por lo tanto, sería lo opuesto; es decir, aquel lugar espacio-temporal donde no puede penetrar nada y que emite luz y materia.*

Muchos científicos proponen que los agujeros de gusano podrían conectar un agujero negro con uno blanco, lo que vendría a ser como un pliegue del espacio-tiempo. Una analogía es el metro de una gran ciudad: el pasajero entra por una boca de metro, recorre una distancia en el agujero o túnel del metro y sale en otra parte de la ciudad. Los agujeros de gusano vendrían a ser atajos del espacio-tiempo que percibimos desplegado.

> ... en 2006 se recibió una explosión de rayos gamma que no se correspondía con la idea de su procedencia. La duración (102 segundos) indicaba que tenía que haberse formado en una supernova, mas no había tales objetos en el lugar de origen. Actualmente se sugiere que el fenómeno puede estar relacionado con un agujero blanco eyectando materia y colapsando velozmente bajo su propia gravedad.
>
> (<http://www.taringa.net/posts/ciencia-educacion/15521127/ Que-es-un-agujero-blanco-en-el-espacio.html>)

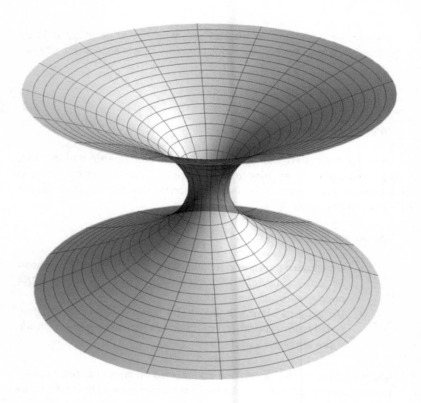

Todo lo que entra debe salir.

La física cuántica dice que dentro del agujero negro hay un punto de energía —una singularidad matemática— de una densidad extrema e inimaginable. No es descabellado sugerir que el centro de este agujero negro, donde se encuentra esta singularidad de máxima energía, debe expresarse en otro espacio-tiempo en forma de luz y expulsando materia. (La palabra «singularidad» se refiere a un punto fuera del espacio-tiempo, aunque hay diversas definiciones de singularidad en función de sus distintos tipos).

Por eso, la revelación antes expuesta podría explicarse científicamente de la siguiente forma:

- *La Protomente es ese punto de máxima energía que llamo Mente Original, esa singularidad fuera del espacio-tiempo que se extiende a través de la energía oscura.*

- *Desde la Mente Original (dos dimensiones), se produce una explosión o, mejor dicho, una expansión a través del agujero blanco, que proyecta materia y luz por doquier. Esta luz y esta materia acaban formando las galaxias (tres dimensiones). Es el famoso big bang.*

- *Esto se manifiesta en una infinidad de proyecciones e inyecciones de materia, es decir, en una comunicación continua entre agujeros blancos y negros.*

- *Todo esto está soportado, o interconectado, por la energía oscura —que supone el setenta y dos por ciento de la materia del universo—, de tal forma que un agujero negro en la materia oscura equivale a un agujero blanco en nuestro universo, y viceversa.*

Es importante diferenciar la energía oscura de la materia oscura. La primera es la energía que expande el universo y separa las galaxias entre sí; la segunda es la energía que mantiene unidas las galaxias, una especie de andamiaje. La materia oscura tiene diez veces más masa que la materia visible de la galaxia y representa el veintitrés por ciento de la masa total del universo. El universo visible equivale a un cinco por ciento del total.

Todo nuestro universo y toda la energía que contiene no pueden haber surgido de la nada. Detrás de todo ello tiene que haber una energía mucho mayor, y me atrevería a decir que dotada de intención. Se trata de la energía oscura, la Mente Original de la revelación, que lo sustenta y penetra Todo. La energía oscura es invisible y sustenta muchos universos, todos ellos proyecciones de esta Mente Original.

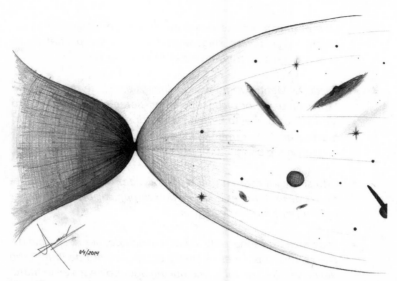

Un agujero negro absorbe una gran cantidad de energía del universo visible y la expulsa por el agujero blanco en el universo de la energía oscura, que es la salida del agujero negro. Y a la inversa: un agujero negro en el universo de la energía oscura absorbe energía oscura y la expulsa en nuestro universo en forma de agujero blanco.

Conclusiones

1. Se produce una gran concentración de energía oscura —la Protomente—, un punto extremadamente denso, también llamado «singularidad», que yo equiparo con una dimensión.

2. Toda esta energía sale a nuestro universo como un agujero blanco, el *big bang,* una inmensa explosión de luz y materia que acaba formando nuestro universo actual.

3. Tras su formación, las estrellas se agrupan en quásares (objetos cuasi estelares). Llevan ese nombre debido a que son objetos discretos, como las estrellas. Sin embargo, no son estrellas, y en su centro se produce una gran concentración de energía, creándose agujeros negros

capaces de absorber las estrellas cercanas. Entonces la energía fluye en sentido contrario al del agujero blanco inicial.

4. Por su parte, los agujeros blancos se encuentran en el otro extremo de cada agujero negro, en la energía oscura, que de esta manera recupera parte de la energía expulsada en el *big bang*.

5. Así como todos los planetas giran alrededor del Sol, todas las galaxias giran alrededor de un agujero negro supermasivo.

6. Por el contrario, todas las galaxias se alejan del agujero blanco primigenio —el *big bang*—, pues este ejerce una fuerza antigravitatoria, todo lo contrario que el agujero negro.

7. De esta manera, todas las galaxias y todos los universos están sustentados por esta energía oscura que hace que todo se expanda. La Mente Original se expresa en toda su magnitud proyectándose en lo que llamamos universo, que es un inmenso holograma.

8. Cuando la Mente Original extiende una parte de ella en el holograma, se crea la cuarta dimensión, expresada por la conciencia, que hace que el holograma tome vida. A esta conciencia la llamo «el observador».

> A todo lo que *parece* eterno le llegará su fin. Las estrellas desaparecerán, y la noche y el día dejarán de ser. Todas las cosas que van y vienen, la marea, las estaciones del año y las vidas de los hombres; todas las cosas que cambian con el tiempo y que florecen y se marchitan se irán para no volver jamás. Lo eterno no se encuentra allí donde el tiempo ha fijado un final para todo.
>
> (T-29.VI.2:7-10)

> Es tan esencial que reconozcas que tú has fabricado el mundo que ves, como que reconozcas que tú no te creaste a ti mismo. Pues *se trata del mismo error*. Nada que tu Creador no haya creado puede ejercer influencia alguna sobre ti. Y si crees que lo que hiciste puede dictarte lo que debes ver y sentir, y tienes fe

en que puede hacerlo, estás negando a tu Creador y creyendo que tú te hiciste a ti mismo. Pues si crees que el mundo que construiste tiene el poder de hacer de ti lo que se le antoje, estás confundiendo Padre e Hijo, Fuente y efecto.

(T-21.II.11:1-5)

La expansión de la singularidad

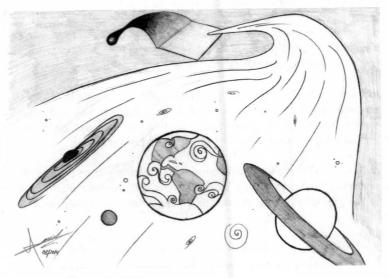

David Corbera (febrero de 2014)

No llames pecado a esa proyección, sino locura, pues eso es lo que fue y lo que sigue siendo. Tampoco la revistas de culpabilidad, pues la culpabilidad implica que realmente ocurrió. Pero, sobre todo, *no le tengas miedo.*

(T-18.I.6:7-9)

2

EL MUNDO DE LA ILUSIÓN

Reflexión

Para poder observar este mundo de ilusión, para poder disociarnos de él, es imprescindible que tengamos plena conciencia de que es una creación nuestra. Dicho de otra manera: que forma parte de nosotros como una proyección mental. El ego vive totalmente disociado del mundo. En esto consiste la creencia en la separación. En este capítulo voy a analizar las experiencias que esta creencia nos hace vivir.

En el Prefacio, *UCDM* nos dice: «Una vez que alguien queda atrapado en el mundo de la percepción, queda atrapado en un sueño. No puede escapar sin ayuda, porque todo lo que sus sentidos le muestran da fe de la realidad del sueño» (Prefacio, xiii).

Recordemos que la Mente Original, al proyectarse en el holograma para vivir la experiencia de separación, fabricó una unidad biológica —el cuerpo— y un órgano —el cerebro— para percibir un rango de frecuencias determinado, con una serie de sentidos que conforman sus experiencias, que damos por reales porque nuestros sentidos dan fe de su realidad.

Hacemos que sean reales mediante las interpretaciones que hacemos de lo que vivimos y experimentamos. Y tenemos una fe ciega en que somos un cuerpo.

El cuerpo

En este mundo de ilusión, el cuerpo es el principal argumento del ego para demostrarnos que estamos separados unos de otros. Nuestros problemas, enfermedades y dolores son la prueba de que Dios no existe, porque, de existir, no permitiría tanto dolor y sufrimiento. Este es un razonamiento maravilloso para los ateos, para los que creen que son producto del azar, para aquellas personas que creen que la materia tiene una especie de don especial que permite crear la mente.

También es un maravilloso argumento para quienes conforman las religiones, en las que la culpabilidad sirve para explicar el enfado y la ira de Dios. Pecamos contra su santa voluntad, y por eso vivimos una experiencia de dolor y sufrimiento. En algunas religiones, el cuerpo es el ídolo principal, y su muerte permite que el alma vaya a ciertas moradas según el comportamiento que haya tenido en su breve vida. Esta alma está a la espera de una especie de juicio final, momento clave para la resurrección de los cuerpos. Muchos cristianos bien intencionados se preguntan: «Cuando resucitemos, ¿qué edad tendremos?».

Desde el punto de vista del ego, el deterioro del cuerpo es uno de los mayores sufrimientos en este mundo. Y esto es así en gran medida porque utilizamos el cuerpo como elemento de comparación, lo que nos lleva a sentirnos mal, insatisfechos y a no alcanzar nunca la necesaria paz de espíritu.

> Engalanar el cuerpo es una forma de mostrar cuán hermosos son los testigos de la culpabilidad. Preocuparte por el cuerpo demuestra cuán frágil y vulnerable es tu vida; cuán fácilmente puede quedar destruido lo que amas. La depresión habla de muerte, y la vanidad, de tener un gran interés por lo que no es nada.
>
> (T-27.I.6:9-11)

Otros ven en el cuerpo la causa de todos sus desasosiegos, de sus preocupaciones, pues las necesidades corporales impiden alcanzar la gloria y el perdón de Dios. Consideran la lujuria, la gula, la ira, etcétera, como productos del cuerpo, como si este tuviera una capacidad especial para fastidiarnos. Por eso, estas personas asocian los apetitos corporales con proyecciones del «diablo», que hace todo lo posible para que suframos y nos sintamos culpables e indignos del perdón divino. Quienes piensan así martirizan su cuerpo con diversos instrumentos: llevan cruces, se cuelgan cadenas, se azotan, se ponen cilicios, hacen penitencia, peregrinan para purificarse de sus pecados. En su demente idea de vivir en la culpabilidad, se destrozan las rodillas por andar sobre ellas, los pies por caminar descalzos, pasan hambre y penurias porque creen que castigando al cuerpo se liberarán de sus cadenas y podrán entrar en el paraíso.

> Es una locura usar el cuerpo como chivo expiatorio sobre el que descargar tu culpabilidad, dirigiendo sus ataques y culpándolo luego por lo que tú mismo quisiste que hiciese.
>
> (T-18.VI.6:1)

Todo esto, y mucho más, está causado por la fatal interpretación de la crucifixión de Jesús, cuya simbología no se ha comprendido y carga de culpabilidad las mentes de millones de personas.

Proyectamos en el cuerpo la creencia de que hay que expiar nuestros pecados, convencidos de que, si no fuera por el cuerpo, seríamos libres de ascender a los Cielos. En nuestra locura, estigmatizamos el cuerpo como la causa de todos nuestros males y, al mismo tiempo, esperamos resucitar con él.

Esto es lo que *UCDM* nos dice en sus primeras páginas:

> Tus percepciones distorsionadas producen una densa envoltura alrededor de los impulsos milagrosos, dificultándoles el que lleguen a tu conciencia. La confusión de los impulsos milagrosos con los impulsos físicos es una de las distorsiones básicas de la percepción. Los impulsos físicos son impulsos milagrosos mal canalizados. Todo placer real procede de hacer la Voluntad de Dios.
>
> (T-1.VII.1:1-4)

> El mejor uso que puedes hacer del cuerpo es utilizarlo para que te ayude a ampliar tu percepción, de forma que puedas alcanzar la verdadera visión de la que el ojo físico es incapaz. Aprender a hacer esto es la única utilidad real del cuerpo.
>
> (T-1.VII.2:4-5)

La cultura del cuerpo nos mantiene atados a este mundo de ilusión; buscar el mayor placer y huir del dolor es su máxima. Hacemos todo lo posible para engalanarlo, perfumarlo y convertirlo en una especie de cebo con el fin de atrapar a otros cuerpos y encadenarlos a nosotros, creyendo que, de esta manera, podremos obtener seguridad y bienestar. Veremos más adelante que esta es una de las argucias del ego para establecer las relaciones especiales.

En su demencia, el ego puede llegar a proyectarse en un dios corporal, con todos los atributos físicos y emocionales. Interpretamos al revés la cita: «Estamos hechos a imagen y semejanza de nuestro Creador». Vemos a nuestro Creador como nos vemos a nosotros mismos, y lo vemos como un cuerpo masculino o femenino. Proyectamos nuestros deseos en él y hasta le atribuimos un ego enorme —como corresponde a un dios—, pues nos obliga a adorarlo, a hacerle ofrendas y regalos. Lo imaginamos con mal carácter, duro e inflexible. Para que nos perdone, tenemos que hacer un montón de cosas, cada cual más complicada. Este dios es caprichoso, negociador, un poco sádico y masoquista —le gusta el sufrimiento—, altanero, siempre dispuesto a examinar lo que somos capaces de ofrecerle para que su ego quede bien satisfecho. Le construimos templos enormes para competir y que quede patente que nuestro dios es el mejor. Lo revestimos de oro para su mayor gloria y lo atamos a los valores de este mundo, procurando que siempre se sienta contento y satisfecho, para que no se enfade por nuestros pecados y nos envíe duras plagas castigadoras para redimirnos.

Cuando nos azota una catástrofe, vamos a los templos a orar y pedir perdón, porque pensamos que este cataclismo nos lo ha enviado dios para expiar nuestros pecados.

Hoy en día hay una nueva espiritualidad que sigue cayendo en el mismo error, aunque se la considere mucho más evolucionada que las actitudes primitivas. Por ejemplo, se reviste la espiritualidad, el camino a Dios, de cosas que hay que comer y otras que no. No voy a entrar en detalles, porque, a buen entendedor, sobran palabras. Jesús dijo: «No es lo malo lo que entra por la boca del hombre, sino lo que sale de su corazón», y se me antoja que la humanidad todavía no se acaba de enterar de esta frase. Las creencias de que hay alimentos para la iluminación y técnicas especiales para canalizar energías, de que se pueden utilizar elementos externos con poderes especiales, etcétera, nos mantienen atados a este mundo de ilusión y al cuerpo.

UCDM lo sintetiza maravillosamente en estos párrafos, sobre todo en el primero, en el que resalta lo que es «particularmente inútil»:

> El cuerpo es sencillamente parte de tu experiencia
> en el mundo físico. Se puede exagerar el valor de sus
> capacidades, y con frecuencia se hace. Sin embargo,
> es casi imposible negar su existencia en este mundo.
> Los que lo hacen se dedican a una forma de negación
> particularmente inútil.
>
> (T-2.IV.3:8-11)

> Siempre que te equiparas con el cuerpo, experimentas
> depresión.
>
> (T-8.VII.1:6)

> El cuerpo es feo o hermoso, violento o apacible, perjudicial
> o útil, dependiendo del uso que se haga de él. Y en el cuerpo
> del otro verás el uso que has hecho del tuyo. Si tu cuerpo se
> convierte en un medio que pones a disposición del Espíritu
> Santo para que Él lo use en nombre de la unión de la Filiación,
> no verás lo físico excepto como es. Úsalo para la verdad y lo
> verás correctamente.
>
> (T-8.VII.4:3-6)

> El ego separa mediante el cuerpo. El Espíritu Santo llega a
> otros a través de él. No percibes a tus hermanos tal como el
> Espíritu Santo lo hace porque no crees que los cuerpos sean
> únicamente medios para unir mentes, y para unirlas con la tuya

y con la mía. Esta interpretación del cuerpo te hará cambiar de parecer con respecto al valor de este. El cuerpo, de por sí, no tiene ningún valor.

(T-8.VII.2:3-7)

Las religiones como máxima expresión de la dualidad

En nuestro interior, sentimos que hay algo más, que tenemos o somos espíritu y que quizá tengamos un alma inmortal. Nos notamos atrapados y seguimos buscando afuera la solución a esta soledad y a este sinsentido que ahoga nuestra alma.

Proyectamos nuestra esencia divina al exterior; no sabemos hacer otra cosa en este mundo de proyección. Aún no somos capaces de buscar la respuesta dentro de nosotros. El ego controla nuestra mente dividida y, aunque para él es posible cambiar, nos convence de que es muy difícil.

El ego puede aceptar la idea de que es necesario retornar porque puede, con gran facilidad, hacer que ello parezca difícil.

(T-6.II.11:1)

En nuestra proyección, negamos nuestra divinidad, ponemos a dios fuera de nosotros, un dios al que hay que alabar y rezar, un dios todopoderoso que nos puede castigar con grandes penas si nos portamos mal.

La religión combina este pensamiento y crea la dualidad del bien y el mal, el cielo y el infierno, como cosas externas a nosotros. Nos sentimos necesitados, desposeídos, solos y abandonados por este dios que nos ha dejado a nuestra suerte.

Se establecen normas, mandamientos, rituales, se hacen listas de los pecados, y existe toda una serie de requisitos para ser buenos a los ojos de dios. Creamos oraciones en las que la culpabilidad se manifiesta. Es más, nos golpeamos el pecho y decimos cosas como:

«Por mi culpa, por mi culpa, por mi grandísima culpa», esperando ser redimidos al reconocer que somos culpables y pecadores. Nos castigamos a nosotros mismos porque, de esta manera, cuando llegue el momento, ya estaremos castigados. Nos causamos privaciones pensando que si tenemos riquezas no entraremos en el Cielo. Entregamos nuestros bienes a instituciones a las que damos el poder, pensando que, de esta manera, ellas intercederán por nosotros ante dios. Son las intermediarias del ego, del miedo, hablan de amor y de perdón, y hacen que nos sintamos constantemente culpables diciéndonos lo que está bien y lo que está mal. Establecen leyes y mandamientos, ¡y cuidado si no los seguimos! Nos esperan todas las penalidades en una eternidad creada por un dios al que se supone amoroso.

Estaba en México D. F. y un guía nos acompañaba a ver la catedral —creo que era una catedral, pero no importa—. Nos dijo: «Vean, allí arriba está la cruz, símbolo de una religión superior a la azteca, porque en esta se hacían sacrificios humanos».

No podía creer lo que estaba oyendo: la cruz, símbolo del sacrificio, estaba por encima de una religión que hacía sacrificios humanos.

Si los sacerdotes aztecas hacían sacrificios, los cristianos incitan a sus seguidores a abrazar el martirio, a sacrificarse y sufrir para agradar a dios. En ambas, el dolor y la sangre están en primer plano, y el cuerpo es el principal culpable.

> La *Biblia* afirma repetidamente que debes alabar a Dios. Esto no quiere decir que debas decirle cuán maravilloso es. Dios no tiene un ego con el que aceptar tal alabanza, ni percepción con que juzgarla. Pero a menos que desempeñes el papel que te corresponde en la creación, Su gozo no será total porque el tuyo no lo es.
>
> (T-4.VII.6:1-4)

> Toda religión es el reconocimiento de que lo irreconciliable no puede ser reconciliado.
>
> (T-10.IV.1:2)

Una de las creencias más limitantes que las religiones han impuesto a la sociedad atañe a la sexualidad, y sobre todo a la sexualidad de la mujer. Estaba en un seminario cuando me mostraron un chiste. En la imagen, se veía a una pareja en la cama. La mujer llevaba un traje lleno de pinchos y, en medio de la cama, había una especie de alambrada electrificada. El hombre decía: «¡Cariño, veo que hoy no estás de humor!». Hice una reflexión en voz alta: «¿Por qué siempre se representa a la mujer como la estrecha?». La respuesta vino de una amiga que estaba a mi lado y dijo: «No te olvides de que las mujeres debemos ser vírgenes. El mismo Jesús nació de una virgen. ¡Vamos, que ni para tener un hijo pudo tener relaciones sexuales!». Y añadiría que ni siquiera se pueden ver los pechos de una mujer hermosa, que, además, te los insinúa, porque eso es pecado, porque eso no está bien. Siempre digo que los problemas de próstata tienen que ver con la creencia de que un hombre, a cierta edad, ya no debería desear a las mujeres. También existe la creencia de que, a cierta edad, ya no hay que tener relaciones sexuales; en fin, que somos unos «viejos verdes». Los sacerdotes, para poder ejercer su ejercicio pastoral, deben ser célibes, como si no fueran hombres. Han de erradicar su deseo sexual que con toda seguridad tienen, porque es biológico. Recuerdo el caso de un paciente mío, sacerdote, que tenía problemas de próstata. En la consulta, quedó claro que estaba enamorado de una mujer, y eso lo hacía sentir culpable. Creía que el sexo era algo sucio y pecaminoso. Siempre hay que sentirse culpable, y los que nos hacen sentir así nos atemorizan para controlar nuestra voluntad. Napoleón decía: «Haz que tu enemigo se sienta culpable y dominarás su voluntad».

Tras dar una conferencia en la universidad, en Torreón (México), me puse a firmar libros y se me acercaron dos monjas jóvenes para darme las gracias por enseñarles a conocer al Dios del amor. Una de ellas me dijo que se sentía muy culpable, ya que quería colgar los hábitos. Pero no podía hacerlo precisamente por sentirse atrapada en la culpabilidad. Le dije: «Corazón, ¿por qué no te conviertes en una monja del Dios del amor y dejas de serlo del dios sufridor y de la culpabilidad?». La otra monja me dijo: «¿Qué podemos hacer para liberarnos?». Le contesté: «Vosotras sois las personas más adecuadas para entregar esa culpa al Espíritu Santo».

Esas mujeres jóvenes, atrapadas en la culpabilidad y en la creencia en el pecado, me abrazaron con enorme cariño y gratitud. Cuando suceden estas cosas en mi despertar, siempre digo que Dios me hace un guiño.

Los teólogos creen en el pecado y estudian cómo conseguir el perdón para llegar a Dios. Creer en el pecado es hacerlo real en el sueño, y esto nos ata a él. La creencia en el pecado hace posible que el *diablo* exista en nuestro sueño, y le damos el poder de oponerse a Dios. Llamamos anticristo a esta fuerza que nosotros mismos alimentamos con nuestra mente dividida, al creer que nuestra culpa es tan grande que es casi imposible que Dios nos perdone. Cuanto más separados de Dios nos sintamos, cuanto más pecadores y culpables, más fuerza adquiere este «egregor» que llamamos *diablo,* capaz de oponerse al mismo Dios.

Un curso de milagros es contundente en el apartado VIII de la segunda lección, cuando nos explica el significado del Juicio Final:

> El Juicio Final es una de las ideas más atemorizantes de tu sistema de pensamiento. Eso se debe a que no entiendes lo que es. Juzgar no es un atributo de Dios. El Juicio Final se originó a raíz de la separación [el holograma] como uno de los muchos recursos de aprendizaje que se incluyeron en el plan general. Del mismo modo que la separación abarcó un periodo de millones de años, así el Juicio Final se extenderá por un periodo igualmente largo, o tal vez aún más largo. Su duración, no obstante, puede acortarse enormemente mediante los milagros, el recurso que acorta el tiempo, pero que no lo abole. Si un número suficiente de nosotros llega a alcanzar una mentalidad verdaderamente milagrosa, este proceso de acortar el tiempo puede llegar a ser virtualmente inconmensurable. Es esencial, no obstante, que te liberes a ti mismo del miedo cuanto antes, pues tienes que escapar del conflicto si es que has de llevar paz a otras mentes.
>
> (T-2.VIII.2:1-8)

La creencia en los problemas

Uno de los mayores errores que cometemos al escuchar a nuestra mente dividida es creer en la carencia o en la necesidad. Vivir como si estuviéramos separados nos atemoriza y nos hace creer que nos pueden pasar cosas al margen de nuestra voluntad. Alimentamos el deseo asociado a la creencia en la carencia, que hace que nos sintamos divididos.

Llegamos a imaginarnos que podemos carecer de lo más elemental para vivir, llegamos a creer en la escasez, en que no hay para todos, y esto nos hace acumular cosas en previsión de futuros males.

No nos damos cuenta de que nosotros mismos creamos constantemente nuestra realidad, de que nuestro pequeño universo es el fiel reflejo de nuestro estado mental y que todo lo que nos rodea es una proyección mental.

Atraemos a nuestra vida a una serie de personas y circunstancias que nos crean problemas, y pensamos que ellas son las problemáticas y nosotros las víctimas.

> *Solo tú puedes privarte a ti mismo de algo.* No te resistas a
> este hecho, pues es en verdad el comienzo de la iluminación.
> Recuerda también que la negación de este simple hecho
> adopta muchas formas, y que debes aprender a reconocerlas y
> a oponerte a ellas sin excepción y con firmeza. Este es un paso
> crucial en el proceso de re-despertar. Las fases iniciales de esta
> inversión son con frecuencia bastante dolorosas, pues al dejar
> de echarle la culpa a lo que se encuentra afuera, existe una
> marcada tendencia a albergarla dentro. Al principio es difícil
> darse cuenta de que esto es exactamente lo mismo, pues no
> hay diferencia entre lo que se encuentra adentro y lo que se
> encuentra afuera.
>
> (T-11.IV.4:1-6)

Hay que tener un punto muy claro en este proceso de redespertar: no podemos tener conciencia de algo si nos negamos a aceptar que ello es posible. Vivimos en la realidad en la que creemos y, por tanto, la fabricamos. Podemos negar que esto sea cierto, pero no podemos evitar que sea así. La mente crea continuamente. No para, siempre está ocupada en nimiedades, en pequeñas cosas para mantenerse ocupada y, de esta manera, distraernos. No sea que nos demos cuenta de que siempre estamos pensando en lo mismo, dándole vueltas a cualquier asunto, creyendo que solamente nosotros podemos encontrar la solución. Así es como vive una mente que cree estar separada; ahí reside la fuente de nuestros problemas. La historia se repite porque damos las mismas soluciones a los mismos problemas en un círculo sin fin.

Todo problema es la expresión de una mente dividida y separada, es la manifestación de que algo externo puede causarnos daño y sufrimiento. Es la creencia en el dolor y en el placer, ambos opuestos e irremediablemente unidos. No nos damos cuenta de que la mente dual nos hace vivir un teórico placer por miedo al dolor, y ambos se mantienen unidos en un círculo de dolor-placer, sin percatarnos de que son lo mismo. Todo placer real reside en tener plena conciencia de que el mayor placer es saber y sentir nuestra unión con la Voluntad divina.

> No puedes reconocer lo que es doloroso, de la misma manera
> en que tampoco sabes lo que es dichoso, y, de hecho, eres
> muy propenso a confundir ambas cosas.
>
> (T-7.X.3:4)

> Lo que a ti te hace dichoso le causa dolor al ego, y
> mientras tengas dudas con respecto a lo que eres, seguirás
> confundiendo la dicha con el dolor.
>
> (T-7.X.3:6)

Mientras sigamos pensando que esta confusión es posible, se presentarán en nuestras vidas situaciones para vivir esa creencia. Por eso *UCDM* dice:

> Un problema puede manifestarse de muchas maneras, y lo
> hará mientras el problema persista. De nada sirve intentar
> resolverlo de una manera especial. Se presentará una y otra
> vez hasta que haya sido resuelto definitivamente y ya no

vuelva a surgir en ninguna forma. Solo entonces te habrás
liberado de él.

(T-26.II.1:5-8)

El único problema, la base de todos los problemas, es la creencia en
la separación de la Fuente de la cual provenimos. Este error nos hace
creer que es posible que alguien gane y que alguien pierda. Si fuera así,
la separación de Dios sería real y, ciertamente, Él sería cruel. Sanemos
esta percepción y no suframos más. Entreguemos esta percepción al
Espíritu Santo y dejemos que Él nos recuerde quién es nuestra Fuente, a la que siempre estamos unidos. La abundancia se manifestará en
nuestras vidas en la medida en que sintamos que lo tenemos todo,
porque formamos parte del Todo.

> Todo problema es un error. Es una injusticia contra el Hijo de
> Dios, y, por lo tanto, no es verdad.
>
> (T-26.II.4:2-3)

> Te encuentras en una situación imposible únicamente porque
> crees que es posible estar en una situación así.
>
> (T-6.IV.10:1)

> El Espíritu Santo te dará la respuesta para cada problema
> específico mientras creas que los problemas son específicos.
> Su respuesta es a la vez una y muchas mientras sigas creyendo
> que el que es Uno es muchos.
>
> (T-11.VIII.5:5-6)

El tiempo

Cuando la Mente Original se proyectó en el holograma, lo tuvo que
hacer saliéndose de las coordenadas atemporales para vivir el tiempo
por separado, pues el holograma es la experiencia de la separación.

Si alguien se siente separado, debe separarse, y una forma fácil de hacerlo es poner espacio y tiempo por medio. El ego se siente muy cómodo con la percepción de pasado, presente y futuro, y para vivirla utiliza

plenamente la culpabilidad. Cuando nos sentimos culpables, de forma inconsciente pedimos castigo, y este se presenta en nuestra vida a través de situaciones y relaciones en las que reina la culpabilidad, que es la causa de todos nuestros desasosiegos.

La percepción del tiempo no existiría sin la culpabilidad; esta es la roca sobre la que se construye la iglesia del ego. Cuanto más separados nos sentimos de nuestros hermanos, más larga es la experiencia del tiempo. Es decir, causa y efecto no se ven jamás juntos porque entre ellos hay mucho espacio y mucho tiempo. No podemos tomar conciencia de que somos la causa de lo que nos ocurre (efecto).

> Los sentimientos de culpabilidad son los que perpetúan
> el tiempo. Inducen miedo a las represalias o al abandono,
> garantizando así que el futuro sea igual que el pasado.
>
> (T-5.VI.2:1-2)

La culpabilidad nos hace vivir en el pasado, siempre pensando en un momento que ya ocurrió y que revivimos en lo que llamamos presente, por eso el pasado es igual al futuro. Así, una forma de vivir el presente es convertirlo en un maravilloso instante en el que nos perdonamos a nosotros mismos por creer en la culpabilidad.

Un curso de milagros enseña que la forma de liberarse de la culpabilidad no es acudir al ego, que vive de ella, sino al Espíritu Santo. Por eso nos dice:

> Tu papel consiste simplemente en hacer que tu pensamiento
> retorne al punto en que se cometió el error, y en entregárselo
> allí a la Expiación en paz.
>
> (T-5.VII.6:5)

Al ego le encanta perder el tiempo, le encanta hacernos creer que debemos hacer cosas para llegar a una meta o para conseguir algo. Nos tiene tan atrapados en esta premisa que no podemos pensar en lograr algo sin que haya tiempo de por medio. Todo necesita tiempo; estamos tan convencidos de ello que decimos cosas como: «El tiempo lo cura todo», «todo es cuestión de tiempo», «el tiempo pone las cosas en su lugar», «dedica tiempo a lo que deseas», «el tiempo se me echa encima», etcétera.

Nuestra percepción del tiempo nos tiene atrapados en esta experiencia. Vivimos el tiempo de muchas maneras, aunque normalmente nos falta. Vivimos como si nos faltara tiempo, y esto nos crea mucha ansiedad. Las preocupaciones e inquietudes nos quitan la paz y alimentan el miedo, que se proyecta en el futuro: tememos la muerte y el paso del tiempo, que es inexorable. El tiempo es un gran aliado del ego, que lo utiliza para que nos preocupemos del futuro, y también para recordarnos viejas heridas. Nos hace mirar constantemente al pasado para que así nos olvidemos de vivir un presente hermoso. Con ello, consigue que el presente se convierta en un infierno. Es más, la creencia de que vivimos el presente está alimentada por la venganza que conseguiremos en el futuro. De esta manera, el ego consigue que nuestro pasado resulte igual al futuro y que nuestro presente sea un mar de ansiedades y angustias. Aunque no pase nada importante y peligroso, vivimos pensando que la tranquilidad está durando demasiado y que después de la calma vendrá la tempestad.

Veamos el ejemplo de una persona que vive con miedo y preocupación por el futuro porque no tiene trabajo. Cuando consigue uno, tiene miedo porque no sabe cuánto le durará, y así sucesivamente. Recuerdo el caso de una conocida que tenía trabajo y vivía preocupada pensando que no le renovarían el contrato a final de año. Lo curioso es que se lo renovaron, y luego se lamentaba por haber estado preocupándose por algo que no había ocurrido. La cuestión es muy simple: si creemos estar separados, viviremos experiencias de falta y de carencia, aun en medio de la abundancia. El miedo a no tener, a perder, es una emoción muy tóxica que nos enferma.

> El miedo no tiene cabida en el presente cuando cada instante
> se alza nítido y separado del pasado, sin que la sombra de
> este se extienda hasta el futuro.
>
> (T-15.I.8:3)

Los dos usos del tiempo

El tiempo como tal no existe. Vivimos el tiempo como una ilusión mental, consecuencia de la separación de todo y de todos. En la Mente Original —sin espacio ni tiempo— todo es un eterno ahora. Todos los acontecimientos están contenidos en ondas de interferencia. Es un caldo de información a punto de manifestarse, y se manifiesta cuando la parte de la Mente Original que se ha proyectado dentro del holograma decide vivir un acontecimiento determinado en función de su estado mental. Por eso, la percepción del tiempo es tan particular. Hay personas que, según lo que están haciendo o con quién están, viven una hora como si fuera unos minutos. Por otra parte, los minutos pueden convertirse en horas. Esto demuestra que el tiempo es mental.

La mente individual —la que vive en el holograma— experimenta los acontecimientos y quiere prever los resultados futuros; esto altera el estado emocional y resiente la fisiología. Cuanto más se altere, cuanto más ansiosa esté, más se refuerza la percepción de falta de tiempo, como si este se encogiera. Por el contrario, cuanto más calmada y centrada en lo que hace esté la mente, cuanto más viva en el presente sin preocuparse por el futuro cercano, más lento le parecerá el paso del tiempo y tendrá la sensación de que le alcanza para todo.

Cuando uno se libera de las expectativas y vive cada instante plenamente concentrado en lo que está haciendo, sin preocuparse por el futuro, más tiempo tiene, más tranquilo está y así lo experimenta el cuerpo.

Cuando nos preocupamos por el futuro y lo anticipamos, el paso del tiempo se refleja en nuestros cuerpos y aparentamos una edad superior a la cronológica.

Nuestra mente individual está atrapada en la creencia inexorable en el tiempo. Esto es posible porque ella misma así lo decidió, pero no tiene conciencia de ello, y por eso no busca en sí misma la solución a este problema. Nuestro cuerpo envejece y muere por la sencilla razón de que creemos que hay determinadas enfermedades que corresponden a cierta edad. No somos conscientes de que son producto de una sociedad en la que la vejez da miedo, y se le atribuye decrepitud en lugar de sabiduría. La mente que no se siente valorada, que no se siente útil, envejece, deja de alimentar el cuerpo con pensamientos brillantes y, en cambio, le ofrece otros de soledad y desvalorización.

Por eso podemos usar la mente de dos maneras. La primera consiste en vivir con prisas y falta de tiempo, con una mente que se proyecta constantemente en el futuro o que se refugia en el pasado, que quiere controlar, una mente gobernada por el ego.

El otro modo de usar la mente consiste en vivir cada instante presente con plenitud, al margen de los acontecimientos, al margen de lo temporal, sabiendo que cada decisión determina el próximo instante presente. Es una mente que utiliza el tiempo psicológico sin apremio, sin prisas, una mente gobernada por el espíritu.

La primera es una mente controlada por el juicio del ego, y cree que tiene que solucionar problemas que surgen al margen de ella misma. La mente gobernada por el espíritu, por el contrario, está libre de juicios y entrega todo a la Mente Original para que le inspire las decisiones más atinadas en cada situación que experimenta.

El tiempo es como una alfombra hecha de instantes. Cada uno es una oportunidad de elegir y permite conformar el momento siguiente. Si vivimos cada instante sin juicio y con perdón, todos ellos son iguales, y empezamos a vivir en la eternidad.

> Lo único que se puede perder es el tiempo, el cual, en
> última instancia, no tiene ningún sentido. Pues solo supone
> un pequeño obstáculo para la eternidad... Sin embargo,
> dado que tú crees en el tiempo, ¿por qué desperdiciarlo
> no yendo a ninguna parte, cuando lo puedes utilizar
> para alcanzar la meta más elevada que se puede lograr
> mediante el aprendizaje?
>
> (T-26.V.2:1-3)

> El perdón es lo que nos libera totalmente del tiempo y lo que
> nos permite aprender que el pasado ya pasó.
>
> (T-26.V.6:1-2)

Lo que no se ha perdonado es una voz que llama desde un pasado que ya pasó para siempre.

(T-26.V.8:1)

Cada día, y cada minuto de cada día, y en cada instante de cada minuto, no haces sino revivir ese instante en el que la hora del terror ocupó el lugar del amor. Y así mueres cada día para vivir otra vez, hasta que cruces la brecha entre el pasado y el presente, la cual en realidad no existe... Y el tiempo no es otra cosa que la creencia demente de que lo que ya pasó todavía está aquí y ahora.

(T-26.V.13:1-2,4)

Estas frases maravillosas del *Curso* nos inspiran a dejar la culpabilidad como medio de expresión mental, a liberarnos de esta emoción tan oxidante que nos ata a acontecimientos que ya pasaron, pero que, como no han sido perdonados, nos vienen constantemente a la memoria y nos hacen vivir momentos de dolor.

Por eso debemos utilizar cada instante como un momento de gloriosa liberación, como si ese magnífico instante fuese el único espacio-tiempo que tenemos que vivir. Entonces ese momento glorioso nos adentra en la eternidad, en la que todo está aquí y ahora a nuestra disposición. Para ello, tenemos que liberar la mente del sentimiento de culpa. Darnos cuenta de que nuestro hermano y nosotros somos uno. Solamente existe una filiación, por lo tanto, dar y recibir se convierte en lo mismo. Si proyectamos culpa, la recibimos, y esto da existencia al tiempo.

Un curso de milagros nos dice: «Cuando hayas aprendido que dar es lo mismo que recibir, ya no habrá necesidad de tiempo» (T-9.VI.6:5).

Nuestras heridas físicas, esas heridas que no se curan, se alimentan de heridas emocionales que instalan la culpa en la mente. La culpa nos hace sentir ira y cólera. Reprimimos esas emociones, pero sin deshacerlas, por lo que viven en nuestra mente y se expresan en nuestro cuerpo en forma de infecciones recurrentes que nos hablan de culpa y más culpa.

Tuve una clienta con una úlcera en una rodilla que no se curaba. Llevaba más de un año de tratamiento y apenas evolucionaba. Hasta que tomó conciencia de que la herida estaba abierta porque ella guardaba un gran resentimiento contra los médicos. Se había sentido sometida por ellos, obligada a obedecer —la rodilla se relaciona con la obediencia—, y ahora tenía ira y cólera reprimidas. Cuando se perdonó y comprendió que esta situación era una oportunidad de perdonar, se dio cuenta de que su úlcera expresaba todo su resentimiento. A partir de entonces, la curación fue muy rápida. En cuanto aplicó el perdón, la herida mejoró en cuestión de semanas.

Por eso el *Curso* dice: «La culpabilidad clama por castigo y se le concede su petición. No en la realidad, sino en el mundo de las ilusiones y sombras que se erigen sobre el pecado» (T-26.VII.3:1-2).

En el mundo de la ilusión, esto no se comprende, porque para el ego todos estamos separados y todo es inconexo, y los acontecimientos dolorosos se atribuyen a la mala fortuna. Siempre está recordando viejas heridas, siempre precavido para que no se repitan, pensando que, de esta manera, se aleja de ellas. No se da cuenta de que, cuanta más atención les preste, más vendrán a su vida.

> El tiempo es una creencia del ego, por lo tanto, la mente
> inferior —el dominio del ego— la acepta sin reservas. El único
> aspecto del tiempo que es eterno es el *ahora*.
>
> (T-5.III.6:4-5)

> Los sentimientos de culpabilidad son los que perpetúan
> el tiempo. Inducen miedo a las represalias o al abandono,
> garantizando así que el futuro sea igual que el pasado. En
> esto consiste la continuidad del ego, la cual le proporciona
> una falsa sensación de seguridad al creer que tú no puedes
> escaparte de ella.
>
> (T-5.VI.2:1-4)

> La continua decisión de permanecer separado es la única
> razón posible de que siga habiendo sentimientos de
> culpabilidad. Hemos dicho esto antes, pero no subrayamos

los resultados destructivos de tal decisión. Cualquier
decisión de la mente afecta tanto al comportamiento como
a la experiencia.

(T-5.V.8:1-3)

La enfermedad

En el mundo de la ilusión —en el holograma—, la creencia en la
enfermedad, la creencia de que el cuerpo puede enfermar al margen
de uno mismo, es una especie de mandamiento. No se cuestiona. La
enfermedad es algo de lo cual uno tiene que protegerse, tiene que
aislarse de los focos contagiosos. Y si eres de esas personas llamadas
portadores sanos, hacen que te sientas culpable si no te comportas
como se te pide.

El miedo al contagio, el miedo a que algo externo a nosotros pueda
hacernos daño, e incluso matarnos, es una especie de religión. No tenemos plena conciencia de que muchas veces decimos cosas como:
«Me pones enfermo», «me haces sentir mal», «tu conducta me hace
daño». Trasladamos afuera las causas de nuestros síntomas.

A este respecto, el *Curso* señala:

> Cuando un hermano se percibe a sí mismo enfermo, se
> está percibiendo como un ser incompleto, y, por ende,
> necesitado. Si tú también lo percibes así, lo estás viendo
> como si realmente no formase parte del Reino y se
> encontrase separado de él, con lo cual el Reino queda
> velado para ambos. La enfermedad y la separación no son
> de Dios, pero el Reino sí.
>
> (T-7.II.1:2-4)

Creemos que la materia tiene algún tipo de propiedad que puede ge-
nerar la enfermedad al margen de nuestros sentimientos y emociones.
Esta creencia no pretende otra cosa que trasladar el origen de la enfermedad fuera de nosotros mismos, y hacer que otro se sienta culpable.
La enfermedad viene a ser el testimonio de que se nos debe proteger

de todo mal. La depresión, la ansiedad, el dolor de cabeza, las menstruaciones dolorosas... la causa de todo ello está afuera, y nosotros somos las víctimas a las que se debe proteger. La enfermedad es un argumento que resulta muy útil al ego para demostrar que el otro es el culpable del propio mal. Es más, muchas veces nos resistimos a curar o a ser curados porque la enfermedad demuestra el ataque que hemos sufrido.

Nace la magia

Entiendo por magia todo aquello que creemos que nos puede curar o proteger de un mal físico. Comprende tanto los medicamentos convencionales como las terapias alternativas y los rituales para evitar el mal de ojo. El *Curso* llama magia a cualquier cosa que se haga con la creencia de que cura la enfermedad o protege de ella.

Vivimos y sufrimos la enfermedad porque no somos plenamente conscientes de que se manifiesta en nuestro cuerpo para avisarnos de que algo anda mal, de que falta coherencia entre lo que hacemos y lo que realmente queremos hacer. Como la biología es la máxima expresión de la dualidad, los síntomas se manifiestan a través de ella, ya que concentramos toda la atención en nuestro cuerpo.

Los males del cuerpo son síntomas, avisos de que se tiene que recuperar la coherencia emocional. Entretanto, podemos recurrir a los principios mágicos que creamos convenientes, pero no creyendo que nos van a curar, sino como medios para tomar conciencia de lo que realmente tenemos que corregir.

> La magia es el uso insensato o mal-creativo de la mente.
> Los medicamentos físicos son una forma de «hechizo»,
> pero si tienes miedo de usar la mente para curar, no debes
> intentar hacerlo.
>
> (T-2.V.2:1-2)

> El cuerpo solo puede actuar equivocadamente cuando está
> respondiendo a un pensamiento falso. El cuerpo no puede

crear y la creencia de que puede —error básico— da lugar a todos los síntomas físicos. Las enfermedades físicas implican la creencia en la magia. La distorsión que dio lugar a la magia se basa en la creencia de que existe una capacidad creativa en la materia que la mente no puede controlar.

(T-2.IV.2:5-8)

Todos los remedios materiales que aceptas como medicamento para los males corporales son reafirmaciones de principios mágicos. Este es el primer paso que nos conduce a la creencia de que el cuerpo es el causante de sus propias enfermedades. El segundo paso en falso es tratar de curarlo por medio de agentes no-creativos. Esto no quiere decir, sin embargo, que el uso de tales agentes con propósitos correctivos sea censurable. A veces la enfermedad tiene tan aprisionada a la mente que temporalmente le impide a la persona tener acceso a la Expiación. En ese caso, tal vez sea prudente usar un enfoque conciliatorio entre el cuerpo y la mente en el que a algo externo se le adjudica temporalmente la creencia de que puede curar.

(T-2.IV.4:1-6)

Tenemos que comprender la enfermedad, analizarla, disociarnos de ella, porque sabemos que nosotros somos la causa. Esto exige una maduración emocional que muchos todavía no están dispuestos a asumir. Es muy cómodo pensar que se debe a algo externo, pero la auténtica liberación reside en asumir que somos los hacedores de lo que nos sucede, y esto es motivo para alzarse y soltar un grito de júbilo.

La mitología y la magia

El ego recurre a la magia como argumento para demostrar que podemos ser heridos y debemos protegernos. Y pone como ejemplo la enfermedad, que es la manifestación de una mente llena de culpa. La creencia en el castigo muchas veces conduce a interpretar la enfermedad como un castigo de Dios. Cuántas veces habré leído u oído frases como: «Esto nos lo ha enviado Dios para expiar nuestros pecados». Llegamos atribuir a ciertos personajes el calificativo de «azote de Dios», o decimos que «Dios nos va a castigar». Concebimos un Dios proclive a castigarnos por nuestros múltiples pecados, o sencillamente porque no cumplimos sus dictados, que alguien —¡qué curioso!— conoce. Hay instituciones que nos dicen qué es lo que debemos hacer, cómo comportarnos, qué comer, qué rituales y fiestas celebrar. Y, si no lo hacemos, podemos recibir todo tipo de castigos divinos. Lo más bonito que puedo decir de todas ellas es que están ciegas y son conductoras de ciegos.

En el inconsciente colectivo anidan una infinidad de programas heredados de nuestros ancestros según los cuales los dioses nos pueden castigar y hay que hacer todo tipo de sacrificios para calmar su ira. Entregamos nuestro poder a estos hacedores del miedo, y ellos buscan brujas por todas partes para quemarlas en lo que llaman un fuego expiatorio.

Nuestro mundo —el holograma— es un mundo de locos, de un sinsentido que ya no se puede aguantar más. La culpabilidad nos ahoga. El miedo limita nuestra mente. Pensamos —y no sin razón— que Dios nos ha abandonado, y entonces la culpabilidad crece hasta tal punto que nuestros cuerpos la reflejan en una lista interminable de síntomas físicos y comportamientos mentales desordenados.

> Los mitos y la magia están íntimamente relacionados, ya
> que los mitos generalmente tienen que ver con el origen
> del ego, y la magia, con los poderes que el ego se atribuye a
> sí mismo. Los sistemas mitológicos incluyen, por lo general,
> alguna descripción de la «creación», y la conectan con su
> forma particular de magia.
>
> (T-4.II.9:1-2)

Llegamos a creer que hay una serie de deidades que pueden protegernos de otras que podrían hacernos daño. Les atribuimos poderes que, por supuesto, nosotros no tenemos, y realizamos todo tipo de rituales para que nos protejan de cualquier mal. Con todo ello, el ego pretende que nos sintamos en peligro porque estamos separados de todo y de todos.

La magia y los mitos son siempre sustitutos de la verdad. La máxima expresión de la magia es la creencia de que dependemos solamente de nosotros mismos. Se trata de una afirmación sutil, presente en la famosa frase del padrenuestro: «No nos dejes caer en la tentación».

La tentación supone creer que estamos solos, desamparados y que necesitamos protección y ayuda de algo externo a nosotros, ya sea el dios del mar, las deidades de los cristales, las sílfides de los bosques, el santo de turno, la virgen de no sé dónde. La cuestión es que creamos estar solos frente a todos los peligros imaginados e inimaginables. Esta es la tentación: el sentimiento de estar solo y desamparado. Lo que sigue son todos los recursos mágicos y mitológicos que nos ofrece el mundo para que creamos que podemos conseguir protección.

> Evitar la magia es evitar la tentación. Pues toda tentación
> no es más que el intento de substituir la Voluntad de Dios
> por otra.
>
> (M-16.9:1-2)

Aplicar principios mágicos frente a la enfermedad es caer en la misma tentación: la de creer que algo externo nos puede curar. Ciertamente, muchos de estos principios mágicos parecen funcionar, pues así lo creemos. Y, así, la creencia de que algo externo nos puede curar se convierte en experiencia. Conocemos el efecto placebo y el efecto nocebo, que para algunos es tan molesto. Al final, demuestran que la mente es más poderosa que cualquier remedio exterior.

Pero *Un curso de milagros* no nos dice que debamos renunciar a los principios mágicos ni que el maestro del *Curso* nos deba enseñar a no recurrir a ellos. Eso sería atacarlos, y el ataque abre las puertas al miedo. Cada persona, en su momento, sabrá lo que debe hacer y lo que debe tomar. Al margen del principio mágico que utilice, lo más importante es enseñarle que el poder le pertenece, que la solución siempre está en su mente y que no pasa nada si usa la magia para tratar su cuerpo. Recordarle que el cuerpo está al servicio de la mente y que siempre reacciona a la falta de coherencia de esta.

La solución o, mejor dicho, una de las soluciones que nos da el *Curso* a través del Espíritu Santo es:

> No percibas en la enfermedad más que una súplica de amor, y ofrécele a tu hermano lo que él cree que no se puede ofrecer a sí mismo. Sea cual sea la enfermedad, no hay más que un remedio. Alcanzarás la plenitud a medida que restaures la plenitud de otros, pues percibir en la enfermedad una petición de salud es reconocer en el odio una súplica de amor.
>
> (T-12.II.3:1-3)

El ataque

Una de las causas de mayor desasosiego y malestar es la creencia de que podemos atacar y ser atacados. El ataque es una de las mejores armas del ego para hacernos sentir vulnerables, con miedo y plenamente separados.

Por eso, cuando leemos en el *Curso* la frase: «Nada externo a ti puede hacerte temer o amar porque no *hay* nada externo a ti» (T-10.In.1:1), nos asombramos, nos sentimos anonadados e, incrédulos, pensamos que ya nos gustaría que fuera así. Todos nuestros sentidos y experiencias nos enseñan que debemos protegernos de todo mal. Las noticias de los periódicos indican que hay muchos peligros, que hay que protegerse, que hay que tomar medidas...

No somos conscientes de que lo que vemos fuera es la expresión de lo que tenemos dentro. Cuando nos atacan, o nos creemos atacados, en realidad, vivimos una experiencia de autoataque. Este autoataque es la expresión del odio hacia uno mismo, de un profundo sentimiento de culpabilidad, de un profundo deseo inconsciente de recibir castigo, de la gran creencia de que se nos puede hacer daño. Tenemos fe ciega en nuestra separación de los demás y en su capacidad para dañarnos.

Una manera muy sutil de ataque a uno mismo es la desvalorización, la creencia de que no valemos, no servimos o no merecemos. Esta es la causa del ataque que percibimos afuera, que, en realidad, es su efecto.

Cada experiencia de ataque es una magnífica oportunidad de perdonar la culpabilidad inconsciente. Atraemos a nuestras vidas experiencias acumuladas del pasado y de nuestros ancestros. Se trata de una culpa colectiva, familiar, genealógica, y cada uno de nosotros puede ser la persona que libere a todos ellos gracias a la propia conciencia de la inocencia.

Para el ego, los inocentes son culpables, porque, como no responden al ataque que les lanza, se queda sin recursos y lo que hace pierde sentido.

Un curso de milagros lo explica en el siguiente párrafo:

> Para el ego *los inocentes son culpables.* Los que no atacan son sus «enemigos» porque, al no aceptar su interpretación de la salvación, se encuentran en una posición excelente para poder abandonarla.
>
> (T-13.II.4:2-3)

Esta es una situación que he vivido varias veces en mi vida: una persona viene a mí con su verdad y quiere hacerme daño. Me grita, me amenaza, pone su cara a centímetros de la mía esperando mi reacción para así poder justificarse. Yo no respondo, me mantengo impasible, observo, no hago real el ataque. Veo su ira, su cólera, pero no la refuerzo, porque sé que tiene miedo y que por eso intenta atacarme. Se cree lleno de razón, pero simplemente es un hermano que tiene mucho miedo. De repente, se aparta, cambia de estrategia, se queda sin fuerzas, su ego no se puede alimentar del mío y desaparece. En una ocasión hasta me dieron las gracias.

Este es el significado de «ofrecer la otra mejilla», algo que también nos explica el *Curso*. Además, nos enseña a no guardar rencor a quien intenta atacarnos.

> Cada vez que te enfadas con un hermano, por la razón que sea, crees que tienes que proteger al ego, y que tienes que protegerlo atacando. Si es tu hermano el que ataca, estás de acuerdo con esta creencia; si eres tú el que

ataca, no haces sino reforzarla. *Recuerda que los que atacan son pobres.*

(T-12.III.3:1-3)

Por eso, cuando nos identificamos con el ego, nos sentimos desposeídos y generamos miedo. Esto es lo que siempre busca el ego, infundir miedo para actuar de forma egoísta.

La idolatría como defensa

Si creemos que se nos puede hacer daño, entonces creeremos que hay alguien o «algo» que nos puede proteger, y nos convertiremos en idólatras. La creencia en la idolatría se basa en las mismas premisas que la creencia en el ataque. Si nos pueden atacar, entonces podemos defendernos. Para ello, buscamos ídolos que nos protejan de todo mal. Es más, procuraremos que el mal recaiga sobre quien intente atacarnos.

Ese tipo de magia que llamamos idolatría supone la creencia de que no tenemos el poder, y son otros los que nos deben proteger. Los ídolos tienen el poder que les damos. No nos damos cuenta de que no necesitamos ningún ídolo porque un Hijo de Dios es invulnerable siempre que vea inocencia, pues la inocencia es la conciencia de que el mal no existe.

El mal solo existe en el holograma, en el mundo de la ilusión de la separación, y toma la forma de culpa, enfermedad, problemas, ataque y defensa. También toma la forma de la creencia en la muerte como el fin de todo.

Pedimos protección a santos o brujas, pagamos dinero, rezamos oraciones, hacemos ofrendas a los dioses para que nos protejan de todo mal. El ego vive por y para el miedo, y vela para que no nos demos cuenta de que es a él a quien debemos temer. Si viéramos que es él el que utiliza nuestra mente, el que la manipula con sus creencias de separación, no le daríamos nuestra fuerza, es decir, nuestro poder. Dejaríamos de ser idólatras para declararnos inocentes y, por lo tanto, invulnerables.

Un curso de milagros dice:

> Si reconocieses que cualquier ataque que percibes se
> encuentra en tu mente, y solo en tu mente, habrías por fin
> localizado su origen, y allí donde el ataque tiene su origen, allí
> mismo tiene que terminar.
>
> (T-12.III.10:1)

> Mas para encontrar ese lugar tienes que renunciar a tu
> inversión en el mundo tal como lo proyectas, y permitir que
> el Espíritu Santo extienda el mundo real desde el altar de
> Dios hasta ti.
>
> (T-12.III.10:9)

Si reconociéramos que lo que atacamos lo hemos creado nosotros mismos, si tuviéramos la experiencia, sabríamos que nos atacamos a nosotros. Por eso, es tan importante la inversión del pensamiento. Tomar conciencia de ello ayuda a encontrar la causa en la mente y a buscar los programas escondidos en el inconsciente.

> Los ídolos no son nada, pero sus adoradores son los Hijos
> enfermos de Dios.
>
> (T-10.III.1:8)

> Creer que un Hijo de Dios puede estar enfermo es creer que
> parte de Dios puede sufrir.
>
> (T-10.III.3:1)

> Creer que un Hijo de Dios puede estar enfermo es adorar al
> mismo ídolo que él adora.
>
> (T-10.III.4:1)

> La enfermedad es idolatría porque es la creencia de que se te
> puede desposeer de tu poder.
>
> (T-10.III.4:4)

> No te pongas de parte de la enfermedad en presencia de un
> Hijo de Dios aunque él crea en ella, pues tu aceptación de

que Dios reside en él da testimonio del Amor de Dios que él ha olvidado.

(T-10.III.3:4)

Un ídolo puede ser cualquier cosa, como la imagen de alguien a la que atribuimos más valor que a la propia persona. Por ejemplo, el jugador de turno de nuestro equipo favorito. También creamos ídolos al creer que alguien es más o menos especial. Otro ídolo es el televisor, con los programas que vemos en él. O nuestro día de fiesta, nuestro divertimento. O la creencia de que alguien o algo nos puede hacer daño; o que alguien o algo nos puede dar placer. Creemos en ídolos: nuestro cuerpo, el trabajo, el estatus, los amigos, las posesiones materiales, el coche y, sobre todo, la imagen que nos hemos forjado de nosotros mismos.

Gracias al *Curso* podemos recobrar la cordura: «No busques fuera de ti mismo. Pues será en vano y llorarás cada vez que un ídolo se desmorone» (T-29.VII.1:1-2).

La proyección y el ataque

Creer en el ataque es creer que la enfermedad tiene sentido. Es más, la enfermedad es un intento de hacer real el ataque. Tenemos que darnos cuenta de la fuerza de la proyección. Cuando uno no se valora, no se respeta, proyecta esto en la pantalla del mundo —el holograma— y fabrica una experiencia de dolor y de sufrimiento en relación directa con su desvalorización. Tenemos que ser conscientes de esto si queremos sanar las heridas. Hemos de buscar la causa de nuestro dolor en nuestra mente, pedir la Expiación de la situación y dejar la sanación en manos del Espíritu Santo.

La enfermedad es una forma de demostrar que puedes ser herido. Da testimonio de tu fragilidad, de tu vulnerabilidad y de tu extrema necesidad de depender de dirección externa. El ego usa esto como su mejor argumento para demostrar que necesitas *su* dirección.

(T-8.VIII.6:1-3)

> El ego tiene un marcado interés por la enfermedad. Si estás
> enfermo, ¿cómo podrías refutar su firme creencia de que no
> eres invulnerable?
>
> (T-8.VIII.3:2-3)

Tomemos conciencia de que el sentimiento de vulnerabilidad es muy importante para el ego, porque entonces tenemos necesidad de protegernos y, cuanto más lo hacemos, más reforzamos la creencia en el ataque. No se trata de no cerrar la puerta de la casa o del coche, lo que realmente importa es el sentimiento con que se hace.

> El «razonamiento» que da lugar al mundo, sobre el que
> descansa y mediante el cual se mantiene vigente, es
> simplemente este: «*Tú* eres la causa de lo que yo hago. Tu
> sola presencia justifica mi ira, y existes y piensas aparte de mí.
> Yo debo ser el inocente, ya que eres tú el que ataca. Y lo que
> me hace sufrir son tus ataques».
>
> (T-27.VII.3:1-4)

Un curso de milagros nos enseña a tener una mente inocente, sin conciencia del mal. Vemos el mal en el holograma porque es el mundo de la dualidad, de la oposición. Muchas veces, vemos el mal en aquellas personas que no hacen lo que nos gustaría que hicieran, y llegamos a calificarlas de malas.

Proyectamos en los demás nuestros guiones acerca de cómo deberían comportarse para que nuestro mundo fuera estable y feliz. Les asignamos papeles. Si no los cumplen, nos ponemos enfermos para que se sientan culpables. Esta es una de las proyecciones más sutiles del ego.

Vemos que siempre terminamos en el mismo sitio, en la enfermedad, porque esta es la máxima expresión de la idolatría. Y se manifiesta en aquello con que nos sentimos identificados: nuestro cuerpo. En el capítulo 27, el *Curso* nos enseña que el cuerpo es el héroe del sueño. La finalidad es evitar que nos demos cuenta de que la causa de lo que nos ocurre está en la mente, al atribuir al cuerpo todos los malestares. De esta manera, el ego se asegura de que no despertemos del sueño.

Creemos que nuestras enfermedades se encuentran en el cuerpo y en su programa genético, obviando que todo está fabricado por la parte de la mente que se considera separada, a la que el *Curso* denomina mente errónea. Así, el ego también evita que recordemos que no siempre tuvimos cuerpo.

Un curso de milagros nos dice que la enfermedad tiene sentido cuando se cumplen dos premisas:

> ... que el propósito del cuerpo es atacar,
> y que tú eres un cuerpo.
> Sin estas dos premisas la enfermedad es inconcebible.
>
> (T-8.VIII.5:7-8)

Veamos un ejemplo de desvalorización. Una señora acudió a mi consulta porque tenía diversos problemas en los huesos y otros órganos. Le comenté que no importaba cuántos síntomas tuviera, todos ellos eran avisos de que debía entrar en coherencia emocional. Me explicó que no sabía si separarse de su marido. Le dije: «Tu duda es la prueba de que quieres separarte de él». Ella me contestó que pensaba que debía darle otra oportunidad; y le respondí: «El otro no existe; el otro es tu espejo. Entonces mi pregunta es: ¿Quién se debe dar la oportunidad?». No hubo respuesta verbal, sus ojos se humedecieron y me dio las gracias.

Hay muchas formas de atacar, y muchas de ellas son muy sutiles; como, por ejemplo, esperar que el otro cambie. Así, nos presentamos como los buenos, personas que sabemos esperar. No nos damos cuenta de que usamos nuestros síntomas como la prueba irrefutable de que tenemos razón y de que el otro es malo, porque no hace lo que esperamos.

Una de las mayores violencias —muy sutil, por cierto— es querer cambiar al otro, esperar que diga o haga aquello que uno desea. Esto puede expresarse de diversas maneras. Por ejemplo, podemos cuidar a esa persona que queremos que cambie y esperar que algún día nos exprese su amor.

Un curso de milagros nos enseña que no debemos corregir a nadie, pues solo es posible corregir con el ego. Ver las faltas de los demás es reconocer su ego y, por supuesto, el propio. Intentar corregir los errores de nuestros hermanos es una forma de ataque que justificamos diciendo que es para su bien, sin darnos cuenta de que, en realidad, es para nuestro bien.

> Para el ego lo caritativo, lo correcto y lo apropiado es señalarles a los otros sus errores y tratar de «corregirlos».
>
> (T-9.III.2:1)

> *Tú* no te puedes corregir a ti mismo. ¿Cómo ibas a poder entonces corregir a otro? [...]. Tú función no es cambiar a tu hermano, sino simplemente aceptarlo tal como es [...]. Percibir errores en alguien, y reaccionar ante ellos como si fueran reales, es hacer que sean reales para ti. No podrás evitar pagar las consecuencias de esto...
>
> (T-9.III.6:1-2,4,7-8)

Hacer sentir culpable al otro es una de las máximas del ataque; de hecho, es un ataque terrorista, porque colocamos en su mente una bomba de relojería: la culpabilidad. No lo haríamos si fuéramos plenamente conscientes de que fuera de nosotros no hay nada, y de que, en realidad, todos somos uno. Por lo tanto, el ataque que creemos lanzar contra el hermano, en realidad, nos lo lanzamos a nosotros.

> Todo ataque es un ataque contra uno mismo. No puede ser otra cosa. Al proceder de tu propia decisión de no ser quien eres, es un ataque contra tu identidad. Atacar es, por lo tanto, la manera en que pierdes conciencia de tu identidad, pues cuando atacas es señal inequívoca de que has olvidado quién eres.
>
> (T-10.II.5.1-4)

Veamos otro ejemplo. Una señora tenía una serie de problemas osteoarticulares —conflictos de desvalorización—, que comenzaron cuando su padre se puso enfermo y ella se obligó a cuidarlo. Luego, me enteré de que ella había sufrido violencia y abusos por parte de él. Aquí, tenemos una gran desvalorización: culpaba a su padre y se obligaba a ocuparse de él. Todos sus síntomas y enfermedades reflejaban esta gran incoherencia. Su inconsciente veía un peligro constante. Ella tenía que respetarse; cuidar o no a su padre era secundario. Hay que perdonarse a uno mismo, no porque uno haya pecado, sino porque se ha cometido un error, como en el caso de esta señora. Ella debía ser coherente en sus pensamientos y sentimientos y pasar a la acción. Tenía que comprender que el ataque era contra ella misma, y que había empezado al no respetarse. El perdón se deriva de la comprensión de que no hay nada que perdonar, pues ella misma había escogido esa experiencia. Una vez que esto se integrara, lo que hiciera o dejara de hacer estaría libre de culpabilidad, y ella se liberaría de todo dolor y enfermedad.

> En este mundo la salud es el equivalente de lo que en el Cielo es la valía.
>
> (T-10.III.6:3)

> Nunca te olvides de que siempre ves lo que buscas, pues lo que buscas lo encontrarás. El ego encuentra lo que busca y nada más.
>
> (T-12.VII.6:3-4)

Esta frase del *Curso* me parece extraordinaria y resume todo lo que he expuesto:

> Recuerda, pues, que cada vez que miras fuera de ti y no reaccionas favorablemente ante lo que ves, te has juzgado a ti mismo como indigno y te has condenado a muerte. La pena de muerte es la meta final del ego porque está convencido de que eres un criminal que merece la muerte, tal como Dios sabe que eres merecedor de la vida.
>
> (T-12.VII.13:1-2)

Debemos estar vigilantes ante lo que nuestra mente sustenta, pues ha creado al ego, que hace todo lo posible para que olvidemos que somos nosotros quienes lo sustentamos a él, y lo alimentamos con nuestra mente dividida. Además, el ego nos ataca con sus creencias, como explicaré a continuación. El ego no se da cuenta de que, al atacar nuestra mente, se ataca a sí mismo, y esto produce gran ansiedad. El ego desea nuestra muerte, sin ver que el único que puede morir es él.

No debemos atacar nuestro ego, porque, al hacerlo, le damos realidad en nuestro sueño. Lo que tenemos que hacer es mantenernos alertas a sus dictados y no seguirlos. Así, le quitamos fuerza y esto lo debilita hasta tal punto que se va desvaneciendo.

> Cuando estés dispuesto a asumir total responsabilidad por la existencia del ego, habrás dejado a un lado la ira y el ataque, pues estos surgen como resultado de tu deseo de proyectar sobre otros la responsabilidad de tus propios errores.
>
> (T-7.VIII.5:4)

La muerte

Nacer para morir, ¿qué significado tiene esto? ¿Cómo es posible que este inmenso desarrollo de energía y de sabiduría acabe en la muerte? ¿Qué sentido tiene vivir para morir?

No creo que la muerte exista, sí que mi cuerpo morirá y desaparecerá. Pero, si desaparece, eso indica que no es real; más bien, es el vehículo del espíritu para poder vivir en este mundo de ilusión llamado holograma.

Llegará un día en que comprendamos que nuestro cuerpo es un estado mental.

La creencia en la muerte es una de las ideas más atemorizantes que el ego utiliza. El miedo a la muerte, para el ego, es la muerte de uno mismo. Le sirve para reforzar la creencia en la separación y en la necesidad de protección. El ego persigue que cada uno de nosotros tenga miedo, pues, cuanto más miedo tengamos, más egoístas nos volveremos.

> Cuando tu cuerpo, tu ego y tus sueños hayan desaparecido, sabrás que eres eterno. Tal vez pienses que esto se logra con la muerte, pero con la muerte no se logra nada porque la muerte no es nada.
>
> (T-6.V.A.1:1-2)

> La muerte es un intento de resolver conflictos no tomando ninguna decisión.
>
> (T-6.V.A.1:6)

Y atención a esta frase que nos indica claramente que al cuerpo no lo creó Dios, en contra de lo que muchos piensan. Dios no pudo crear un mundo de separación, de dolor y de muerte, porque, para Él, la separación es una idea inconcebible.

> Dios no creó el cuerpo porque el cuerpo es destructible, y, por consiguiente, no forma parte del Reino. El cuerpo es el símbolo de lo que crees ser. Es a todas luces un mecanismo de separación y, por lo tanto, no existe.
>
> (T-6.V.A.2:1-3)

> El Espíritu Santo te dice siempre que solo la mente es real porque es lo único que se puede compartir. El cuerpo es algo separado, y, por lo tanto, no puede ser parte de ti.
>
> (T-6.V.A.3:2-3)

En el mundo de la ilusión, la muerte es el gran argumento del ego para demostrar que Dios no existe. A cuántas personas habré oído decir que no creen que haya nada después de la muerte, y se apoyan, precisamente, en un razonamiento que se expresa a través del ego: «Si Dios existiera, no permitiría que pasara lo que pasa».

Corolario

Voy a terminar este capítulo con una reflexión de *Un curso de milagros* en la que expresa con toda claridad qué es este mundo de la ilusión y lo que representa para nuestra mente dual, y, por tanto, para nuestro ego.

La aceptación de la culpabilidad en la mente del Hijo de Dios fue el comienzo de la separación, de la misma manera en que la aceptación de la Expiación es su final. El mundo que ves es el sistema ilusorio de aquellos a quienes la culpabilidad ha enloquecido. Contempla detenidamente este mundo y te darás cuenta de que así es. Pues este mundo es el símbolo del castigo, y todas las leyes que parecen regirlo son las leyes de la muerte. Los niños vienen al mundo con dolor y a través del dolor. Su crecimiento va acompañado de sufrimiento y muy pronto aprenden lo que son las penas, la separación y la muerte. Sus mentes parecen estar atrapadas en sus cerebros, y sus fuerzas parecen decaer cuando sus cuerpos se lastiman. Parecen amar, sin embargo, abandonan y son abandonados. Parecen perder aquello que aman, la cual es quizá la más descabellada de todas las creencias. Y sus cuerpos se marchitan, exhalan el último suspiro, se les da sepultura y dejan de existir. Ni uno solo de ellos ha podido dejar de creer que Dios es cruel.

Si este fuese el mundo real, Dios *sería* ciertamente cruel. Pues ningún Padre podría someter a Sus hijos a eso como pago por la salvación y al mismo tiempo *ser* amoroso. *El amor no mata para salvar.* Si lo hiciese, el ataque sería la salvación, y esta es la interpretación del ego, no la de Dios. Solo el mundo de la culpabilidad podría exigir eso, pues solo los que se sienten culpables podrían concebirlo. El «pecado» de Adán no habría podido afectar a nadie, si él no hubiese creído que fue el Padre Quien le expulsó del paraíso. Pues a raíz de esa creencia se perdió el conocimiento del Padre, ya que solo los que no le comprenden podían haber creído tal cosa.

(T-13.In.2,3)

Para terminar, explicaré un chiste que me contó un amigo mexicano y que explica muy bien cómo funciona la proyección.

Dos amigas se encuentran en la calle y una le pregunta a la otra: «¿Qué tal tu hija?». Y la amiga responde: «¡Ah!, muy bien. Se ha casado con un hombre que la ayuda en todo lo de la casa, a comprar, a limpiar. En fin, un tesoro de hombre». «¿Y a tú hijo qué tal le va?», le vuelve a preguntar la amiga. «¡Ay! Él no ha tenido tanta suerte. Se ha casado con una mujer que lo obliga a ayudarla en las tareas de casa. Tiene que ir a comprar, ordenar la casa... Una pena, hija, una pena».

3

EL SACRIFICIO

Ahora abordaré un tema muy conflictivo por los tabús y las creencias que nos han inculcado los «padres» de las iglesias, que realzan este concepto como un camino hacia la redención. Este capítulo pretende dar una patada a las neuronas para que se desencajen de sus posiciones fijas. Nuestras neuronas contienen programas de dolor y sufrimiento, como medio para alcanzar el perdón y una gloria posterior.

Son programas alimentados por la separación y la culpabilidad; programas de ofensa al Dios Padre, o a la Diosa Madre; creencias de que no somos dignos de la redención por culpa de nuestros múltiples pecados. Muchas veces, pensamos que nuestros pecados no los perdona ni Dios. Tenemos la arrogancia —el ego— de atribuir a Dios Padre impotencia e incapacidad para cambiar las cosas.

Un curso de milagros nos ilumina a lo largo de sus páginas para que podamos ver el error de sentirnos culpables y de no perdonarnos. El *Curso* enseña que el drama de la crucifixión ha sido, y es, muy mal interpretado. Creemos que Dios nos puede castigar, que sacrificó al mejor de sus hijos para demostrarnos cuán enfadado estaba y que, para alcanzar la salvación, debemos sufrir y sacrificarnos.

El concepto de sacrifico ha quedado incrustado en nuestras mentes y nos condiciona de tal manera que es la causa de todos nuestros males y enfermedades. Es más, cuando alguien no se «sacrifica» decimos que no sabe querer, que es egoísta, lo condenamos. Lo curioso es que la persona «buena», que se sacrifica, es la que padece la enfermedad;

y a la persona «mala», que hace lo que siente y le viene en gana, no le pasa nada. Al final, recurrimos a una frase lapidaria: «Siempre se mueren los buenos». Pero yo digo: «Siempre se mueren los tontos». Tontos que no son conscientes, por supuesto, y que están sometidos a programas que los obligan a hacer lo que no quieren, porque tenemos grabado en el inconsciente que el dolor y el sufrimiento son el camino para alcanzar el Cielo.

Puedo poner multitud de ejemplos relacionados con mi quehacer diario, como el de aquella señora que tenía un cáncer de pulmón y tomó conciencia de que odiaba a su madre, a quien estaba cuidando sin desearlo. Se obligaba a hacerlo porque pensaba que las personas buenas se sacrifican y aceptan su cruz. Al ver uno de mis vídeos, se dio cuenta de que lo peor que se puede hacer es no estar en coherencia emocional: obligarse a hacer lo que no se siente. En todas estas situaciones, siempre está presente el miedo: el miedo social, el miedo a faltar a las creencias de la sociedad, a no ser aceptado, miedo, miedo, miedo. Entonces realizamos actos egoístas, aunque revestidos con la piel de buenas acciones: cuidamos a la enferma —en este caso a mamá— contra la cual albergamos un enorme resentimiento como resultado de nuestro juicio. Nos obligamos a cuidar al «depredador». Nuestro inconsciente reacciona con un síntoma relacionado con esta falta de coherencia emocional. A esta señora le habían dado un mes de vida. Ella sintió que debía reaccionar, que había algo que no estaba haciendo bien. Vio mis vídeos y tomó conciencia de que nadie toma nota de nuestros actos supuestamente buenos o malos, que el calificativo lo ponemos nosotros, que el juicio es nuestro y también la condena. Siguiendo los consejos de mis vídeos, decidió morirse antes simbólicamente. Dejó a su madre en un centro social y desapareció de su vida. Al cabo de unos meses, ya no tenía cáncer. Aunque vivía en otro país, vino a verme a España, a mi centro de estudio de las emociones. Acudió a una consulta porque sentía que todavía quedaba algo. Se trataba de un gran resentimiento contra su hermana, porque —atención, por favor— ella nunca había cuidado de la madre, se había desentendido de ella y, curiosamente, nunca estuvo enferma. En la consulta, se dio cuenta de que la causa del resentimiento contra su hermana era que había hecho lo que ella no se atrevía hacer.

Vemos la paja en el ojo ajeno y no la viga en el nuestro.

Vemos el pecado en el otro porque lo condenamos en nosotros mismos.

Nos enfadamos con los demás porque hacen aquello que nosotros no nos atrevemos a hacer.

Vemos la culpa en otros porque previamente la vemos en nosotros.

Proyectamos nuestra sombra en los demás.

Doctor Jekyll y mister Hyde.

Todas estas frases y muchas más resumen nuestro conflicto constante con los demás. Se trata de proyecciones nuestras de las cuales deberíamos tomar conciencia para cambiar de vida.

Un curso de milagros es muy explícito cuando dice: «El pensamiento no se puede convertir en carne excepto mediante una creencia, ya que el pensamiento no es algo físico» (T-8.VII.7:4).

Y el *Curso* también confirma que los pensamientos y creencias, que son los que rigen nuestras proyecciones, de alguna manera se somatizan.

> Pues vuestras creencias convergen en el cuerpo, al que el
> ego ha elegido como su hogar y tú consideras que es el tuyo.
>
> (T-23.I.3:3)

Nuestras proyecciones, alimentadas por creencias, a su vez, nutren pensamientos, o formas de percibir, que nos hacen sentir separados de los demás y, curiosamente, todo ello revierte en síntomas físicos.

> Repudias lo que proyectas, por lo tanto, no crees que forma
> parte de ti. Te excluyes a ti mismo al juzgar que eres diferente
> de aquel sobre el que proyectas.
>
> (T-6.II.2:1-2)

> La proyección no es más que un mecanismo del ego para hacerte
> sentir diferente de tus hermanos y separado de ellos... Sin proyección
> no puede haber ira.
>
> (T-6.II.3:3,6)

¡Cuántas mujeres llenas de enfermedades habré visto en mi vida por aguantar vejaciones y violencia! ¡Y cuántas lo justifican y llegan a decir cosas como: «Es que lo quiero mucho». O: «Es la cruz que Dios me ha enviado»! He aprendido que, en la medida en que una persona dice que quiere a su violador o maltratador, en esa misma medida no se quiere a sí misma. Esto demuestra que, en realidad, la supuesta víctima es el violador, el maltratador de sí mismo. Es duro reconocer esto, pero no olvidemos el holograma y el campo cuántico.

Un curso de milagros lo dice muy claro:

> Es imposible que el Hijo de Dios pueda ser controlado por
> sucesos externos a él. Es imposible que él mismo no haya
> elegido las cosas que le suceden.
>
> (T-21.II.3:1-2)

El mensaje de la crucifixión es muy claro y preciso: es la demostración diáfana de que, por mucho que te ataquen y te quieran hacer daño, tú puedes elegir no sufrir. Es un ejemplo magno para enseñar a aquellos hijos de Dios que sienten la tentación de creerse víctimas ante lo que los demás les hacen en situaciones no tan extremas. Es una enseñanza radical y totalmente contraria a todo lo que nos han dicho.

Por el contrario, el sacrificio del ego es manipulador. Nos sacrificamos porque no nos gusta lo que vemos y queremos cambiarlo. Con ello, el ego refuerza su creencia de que enfermamos y morimos por culpa de los demás.

El mensaje del *Curso* es una enseñanza total que propone reaccionar con perdón frente a las teóricas agresiones de los demás. Es una enseñanza que nos libera de la culpa y del pecado, y niega —como a veces se ha interpretado— que seamos culpables y debamos sufrir para ser perdonados.

El verdadero significado de la crucifixión radica en la *aparente* intensidad de la agresión cometida por algunos de los Hijos de Dios contra otro. Esto, por supuesto, es imposible, y se tiene que entender cabalmente *que* es imposible.

(T-6.I.3:4-5)

Es probable que hayas estado reaccionando durante muchos años como si te estuviesen crucificando. Esta es una marcada tendencia de los que creen estar separados, que siempre se niegan a examinar lo que se han hecho a sí mismos.

(T-6.I.3:1-2)

No cabe duda de que un cuerpo puede agredir a otro, y puede incluso destruirlo. Sin embargo, si la destrucción en sí es imposible, cualquier cosa que puede ser destruida no es real.

(T-6.I.4:2-3)

Un curso de milagros señala la Expiación que libera de la culpabilidad frente a la expiación como proceso de autocastigo para ser perdonado. La Expiación, con mayúscula, deshace el error; la expiación hace el pecado real y hay que pagar por ello.

La Expiación está inspirada por el Espíritu Santo, y la expiación —pagar las culpas— está inspirada por el ego. Este vive de la culpabilidad, que alimenta la separación y la proyección. Cuando nos sentimos culpables, solemos proyectar la culpa en otra parte o en otras personas. No somos conscientes de que lo que damos es lo que recibimos. Al ver la culpa en el otro, la reforzamos en nosotros mismos, la escondemos en el inconsciente y acaba manifestándose como dolor y enfermedad.

Nuestra mente dual está tan atrapada en la creencia en el sacrificio y el sufrimiento: no podemos concebir el amor sin sufrir. Solo los buenos sufren y se sacrifican; solo los buenos dan la vida por los demás; solo los buenos dejan de vivir su propia vida para vivir la de los otros.

Un curso de milagros afirma: «Nadie puede morir por otro, y la muerte no expía los pecados» (T-19.IV.A.i.17:8).

Cuando uno da la vida por un valor o por una creencia, hace algo inútil, pues está reforzando la dualidad y, precisamente, eso es lo que tenemos que negarnos a hacer.

> Justificar uno solo de los valores que el mundo apoya es negar la cordura de tu Padre y la tuya.
>
> (T-25.VII.4:1)

> Cualquier cosa en este mundo que creas que es buena o valiosa, o que vale la pena luchar por ella, te puede hacer daño y lo hará. No porque tenga el poder de hacerlo, sino únicamente porque has negado que no es más que una ilusión, y le has otorgado realidad.
>
> (T-26.VI.1.1-2)

El mundo tiene que ser deshecho. El nuestro es un mundo de dolor, de sacrificio, de sufrimiento y, por todo ello, no es real. Hacer cualquier cosa para suplir el dolor en este mundo significa creer que es real y, por lo tanto, reforzarlo. La culpa debe ser deshecha, no verse en otra parte. Debemos negarnos a unirnos al dolor y entregarnos al Espíritu Santo para que Él nos guíe en la dirección adecuada y nos dicte los pasos a seguir para deshacer este mundo de sufrimiento. Este es el verdadero acto de amor.

Hacer la vida más llevadera a los que sufren penalidades es un acto de amor. Sufrir con ellos, en cambio, es un acto de miedo y, por lo tanto, del ego. No debemos unirnos a los sufrimientos de los demás. Sí unirnos a ellos en su divinidad, ver en ellos lo que no pueden ver en sí mismos.

No debemos proyectar pena, pero sí extendernos hasta ellos y negar lo que creen que es verdad: que el dolor y el sufrimiento son reales.

Liberemos a nuestros hermanos de la creencia de que el sufrimiento es real y unámonos a lo que es real en ellos: que son hijos de Dios. Mientras les damos nuestra ayuda, pidamos inspiración al Espíritu Santo, porque Él nos guiará en nuestras acciones.

Compartiré una experiencia concreta. En Torreón (México), tenía que dar una conferencia sobre el ámbito de aplicación de la bioneuroemoción. Miré mi entorno: todo a mi alrededor era un desierto, y me pregunté: «¿Para qué me habrá enviado el Espíritu Santo aquí?». Me enteré de que la gente había pagado en especie —comida, mantas, ropa, etcétera— para poder asistir a la conferencia que iba a dar en aquella universidad. Pregunté quién gestionaba todo esto y me presentaron a la mujer encargada y responsable de administrar los recursos que recibía. Representaba a la asociación La Laguna, que trabajaba con los inmigrantes que huían de las miserias de sus países, en su mayoría procedentes de Honduras.

La señora me contó un sinnúmero de miserias. Me dijo que viajan en un tren al que llaman La Bestia y que, en él, van las gentes de cualquier manera. Muchos se duermen y se caen a las vías, sufriendo amputaciones de toda índole. Estaba absorto en lo que me contaba. La señora me dijo que este tren suele ser asaltado, las mujeres son violadas y se les roba lo poco que les queda. Pedí inspiración al Espíritu Santo y sentí paz interior, como si una voz me dijera: «Hacen falta personas que vean esto de otra manera para no darle realidad. El sufrimiento y el dolor son reales en este mundo de la ilusión; por eso, es importante otra forma más elevada de percibir. Ayuda a estos hermanos tuyos, pero no refuerces su sufrimiento. Por esto estás aquí, porque tú sabes muy bien qué hacer. Recibirás inspiración para ir al lugar donde debes ir, sabrás qué hacer y lo que debes decir tal como expresa *Un curso de milagros*: «Yo te dirigiré allí donde puedas ser verdaderamente servicial, y a quien pueda seguir mi dirección a través de ti» (T-4.VII.8.8).

El *Curso* también enseña que, para ser auténticamente serviciales, debemos tener una mente inofensiva. Esto nos convierte en invulnerables, porque no protegemos nuestros egos y, por lo tanto, nada puede hacernos daño. Somos serviciales cuando extendemos a otras mentes la compresión del Todo por medio de la sabiduría que emana de nosotros al convertirnos en hijos de Dios que no juzgan, que comprenden que todo es ilusión y que la fórmula a aplicar para que llegue el fin del sufrimiento es no compartirlo ni reforzarlo en las mentes de los hermanos.

El *Curso* nos sigue inspirando para ayudar a nuestros hermanos, y para no hacerlo a través del ego:

> *Estoy aquí únicamente para ser útil.*
> *Estoy aquí en representación de Aquel que me envió.*
> *No tengo que preocuparme por lo que debo decir ni por*
> *lo que debo hacer, pues Aquel que me envió me guiará.*
> *Me siento satisfecho de estar dondequiera que Él desee,*
> *porque sé que Él estará allí conmigo.*
> *Sanaré a medida que le permita enseñarme a sanar.*
>
> (T-2.V.A.18:2-6)

Por eso, es muy importante tomar conciencia de que siempre estamos proyectando, y de que esta proyección está relacionada directamente con nuestro estado mental, nuestras creencias y programas inconscientes.

Un curso de milagros nos dice:

> La ley que prevalece dentro del Reino se adapta fuera de él
> a la premisa: «Crees en lo que proyectas»... Dicha manera
> de enseñar implica que aprenderás lo que eres de lo que has
> proyectado sobre los demás, y de lo que, por lo tanto, crees
> que ellos son.
>
> (T-7.II.3:1,3)

Quedémonos con la segunda parte de la frase, «aprenderás lo que eres de lo que has proyectado sobre los demás». Este es el quid de la cuestión: o repudiamos lo que proyectamos, es decir, repudiamos a nuestro hermano, o vemos en él aquello que nos pertenece. Por eso, en los hermanos podemos ver la salvación o la condenación. Nos salvamos con ellos o nos condenamos con ellos. No hay término medio.

Cuando el ego proyecta, comete dos errores:

1. El conflicto no puede ser proyectado para deshacerse de él. Así es como vive en nosotros.

2. «… la idea de que puedes deshacerte de algo que no deseas dándoselo a otro. Dándolo es precisamente como lo *conservas*» (T-7. VIII.3:6-7).

La confusión entre dicha y dolor

Observemos nuestra vida: cómo vivimos, los acontecimientos que se producen a nuestro alrededor. Podemos elegir observar con el ego o con el Espíritu Santo. Si escogemos al ego, pensaremos que tenemos que resolver los problemas, que nos pueden ocurrir sucesos imprevistos, que para poder cambiar las cosas tendremos que sufrir, esforzarnos y trabajar duro. El sacrificio es el gran recurso; gracias a él, lograremos reblandecer el corazón de Dios. Castigándonos por nuestras faltas, conseguiremos que se nos perdone o que no se nos juzgue muy severamente. Pensamos que a través del dolor conseguiremos la dicha definitiva.

Por el contrario, si escogemos la voz del Espíritu Santo, experimentaremos dicha, pues Él no ve culpabilidad. Solamente ve nuestros errores y espera que se los entreguemos para deshacerlos. Él no deshace lo físico, sino la mente que cree estar separada y, debido a ello, fabrica errores continuamente. Nos enseña que lo que creemos no es verdad, que somos libres de vivir plenamente, que la causa de todo lo que nos ocurre está en nosotros. La dicha consiste en que podemos corregir nuestro error y, para ello, pedimos inspiración.

> Lo que a ti te hace dichoso le causa dolor al ego, y
> mientras tengas dudas con respecto a lo que eres, seguirás
> confundiendo la dicha con el dolor. Esta confusión es la causa
> del concepto de sacrificio.
>
> (T-7.X.3:6-7)

Por eso, es muy importante que seamos plenamente conscientes de que cada situación es una oportunidad de elegir. Podemos elegir sentirnos separados de nuestro hermano o unidos a él. Cada encuentro puede ser santo o puede ser una guerra.

Aquí, reside la clave para discernir la dicha del dolor. Para el ego, los enfrentamientos son dolorosos; para el Espíritu Santo, son una oportunidad de comprender que aquello que nos ocurre es un aprendizaje que nos dará dicha.

El sacrificio se basa en la idea de que sufriendo —por miedo del dolor— podremos conseguir la dicha o la felicidad. Este pensamiento paranoico está muy arraigado en el inconsciente. Es más, llegamos a pensar que, si no sufrimos, no amamos; y que, en el verdadero amor, siempre hay sacrificio.

La empatía y el sufrimiento

La empatía es una cualidad muy humana: es la capacidad de ponerse en el lugar del otro y así experimentar dicha o dolor. Al ego le encanta la empatía y la utiliza como una forma muy especial de separación. Él se une a ciertas personas y situaciones haciendo de ellas algo especial. Le encanta unirse al dolor y al sufrimiento de los demás: es la manera de hacerlo real en el sueño y de atraparnos en él. Ya hablaré de un recurso del ego para potenciar la empatía que el *Curso* llama relaciones especiales.

Lo que pretende el ego es que, al unirnos al sufrimiento del hermano, lo hagamos nuestro, creamos en él y lo reforcemos en nuestra vida. Entonces, lo aplicamos para unirnos a nuestro hermano. Pero esta es una unión de separación, una unión de intereses, una unión para conseguir algo.

En mi práctica clínica he visto a muchas personas que sufren las mismas enfermedades que sus amigos. El inconsciente no puede diferenciar entre lo real y lo virtual. Recuerdo un caso muy particular que me afectó directamente porque ambas personas eran amigas mías. Una de ellas tenía un cáncer de pulmón. Su amiga estaba viviendo la situación y sintió tanta empatía que, pocos meses después de la muerte de la enferma, ella desarrolló el mismo tipo de cáncer y en el mismo sitio.

Si realmente esta empatía fuera algo bueno, no tendría que ponernos enfermos. Por lo tanto, tiene que haber otra manera de empatizar, la del Espíritu Santo. Él no se une al sufrimiento. Nos enseña a no unirnos a la mente, a la creencia, a la percepción del hermano que se siente enfermo o que cree sufrir. Se une a lo que es verdad en él, a su poder procedente de la mente una, la Mente Original. Cuando nos unimos de esta manera, como todos estamos unidos, nuestro hermano recibe esta información en su inconsciente y tiene la oportunidad de cambiar su pensamiento, de dejar de reforzar el sufrimiento y liberarse del dolor.

La empatía del ego nos lleva a ponernos enfermos porque, al unirnos al sufrimiento de nuestro hermano, nuestro inconsciente lo toma como propio. He visto personas que sufren por sus hijos porque piensan que lo están pasando mal, cuando, en realidad, estos están encantados de la vida. Recuerdo el caso de una señora que tenía un cáncer de hígado. Le comenté que era un problema de carencia y de supervivencia, y que consideraba muy probable que en algún momento se hubiera arruinado. Ella se rio y me dijo que era millonaria. Le contesté: «Bueno, muy bien, pero seguro que hay alguien muy allegado a usted, alguien muy querido, que está pasando carencias». Se le cayeron dos lágrimas y me comentó que su hija se había casado con un muerto de hambre y que, seguramente, pasaría mucha necesidad. Ni siquiera le había preguntado a su hija como vivía; ella creó su realidad y el inconsciente dio la solución.

> Tu papel consiste únicamente en recordar esto: no quieres que nada que tú consideres valioso sea lo que tiene lugar en una relación. No decides hacer nada a tu manera para deteriorarlas o para crear armonía en ellas. No sabes lo que es curar. Todo lo que has aprendido acerca de la empatía procede del pasado. Y no hay nada en el pasado que desees compartir, pues no hay nada del pasado que desees conservar.
>
> (T-16.I.3:1-5)

El ego se une a lo que reconoce que es como él, o a las personas que cree que piensan como él. Solamente se une a una parte, y procura defenderse mediante razonamientos para reafirmar la verdad de su empatía. Justifica que se una a unos y desprecie a otros, y así mantiene tranquila la conciencia de todos aquellos que se unen en torno a una idea especial. Puede llegar a observar impertérrito que otros sufran daños o pierdan debido a sus pensamientos y creencias.

Un curso de milagros enseña que sentir empatía no implica unirse al sufrimiento del hermano, pues a esto es precisamente a lo que debemos negarnos. Unirnos al sufrimiento del hermano hace que este aumente en su inconsciente, y entonces no ve la salida que la inspiración del Espíritu Santo le ofrece en su mente. La empatía que ofrece el Espíritu Santo es fortaleza, y la empatía que ofrece el ego es debilidad.

El victimismo como cultura del sufrimiento

Vivimos en una sociedad que enaltece la figura de la víctima. Es una manera de separarnos de nuestras responsabilidades y de justificar nuestras vidas y nuestros males. Son los demás los que tienen que cambiar, los que dejan que se abuse de ellos, los que no saben decir no. Es una postura que reclama defensa y que deja bien claro quién es el culpable. Es una de las máximas expresiones de la inmadurez emocional.

Sufrir puede dar estatus social. Permite recibir atención de los demás, socializar y reunirse en grupo con todos aquellos que tienen el mismo sufrimiento. También permite formar asociaciones para buscar justicia, remedio a nuestros males o soluciones, y compartir sufrimientos. Lo hacemos con buena intención, sin darnos cuenta de que todo ello alimenta y refuerza más el mundo de la ilusión, el mundo del ego. En definitiva, el mundo de la separación. Sanar implica cambiar; y esto ni siquiera pasa por la cabeza de los que conforman estos grupos de lamentación. Lo único que se consigue alimentando el victimismo mediante la unión de penalidades es utilizar la empatía de una forma socialmente correcta. Pero, al final, no sirve para nada o sirve para muy poco. La unión para salir del problema, para salir del paradigma, la unión que busca la solución en el interior es la que permite a los demás adherirse a ella y darse la oportunidad de sanar.

Recuerdo el caso de una amiga que tenía un tumor en la cabeza. Cuando vino a mi consulta, me contó que, mientras escuchaba una de mis clases sobre *Un curso de milagros*, se había sentido sanada. Los dolores de cabeza habían desaparecido por primera vez en mucho tiempo. Y aquella noche, después de asistir al curso, se sintió con muchas ganas de dormir y se despertó a las dos de la tarde, por lo que perdió el tren que tenía que llevarla a su ciudad. Al día siguiente, tenía visita con su médico. Este le hizo pruebas y comprobó que la presión intracraneal había desaparecido. El médico no lo entendía, pues, debido al tamaño del tumor, no le parecía posible. Había que hacer otras pruebas que eran muy dolorosas, a lo que ella se negaba. Pero, al final, el médico la convenció.

Cuando me dijo dónde estaba situado el tumor, le expliqué: «Tienes grandes problemas de desvalorización sexual. Lo sé gracias a la cartografía del doctor Hamer». Ella asintió y me contó que la relación con su pareja estaba llena de violencia y de violación, y que ella no se sentía capaz de terminarla y se desvalorizaba continuamente por ello.

Estudié su árbol genealógico y vi en él que todas las mujeres del clan de la rama materna habían pasado por situaciones de violación. No digo *habían sufrido*, porque yo no creo en el sufrimiento, y Dios no sabe lo que es. Además, ella me contó que había tenido un sueño en el que violaban a su hija. A los pocos días, su hija la había llamado —estudiaba en el extranjero— y le pidió que fuera enseguida a su lado porque la necesitaba. Cuando llegó, su hija le contó que había sido violada por dos hombres, como en su sueño.

Mi amiga se sorprendió de que simplemente viendo su árbol yo dedujera este programa. Comprendió muchas cosas y se sintió plenamente sanada, pero el programa de soportar humillación, violencia y sacrificio seguía en ella. Por esto, no me hizo caso cuando le pedí que hiciera una cuarentena absoluta con relación a su familia, para que de esta forma sus neuronas se reposicionaran en la nueva percepción y en la comprensión de la nueva realidad.

Contactó con algunos miembros de su familia, cosa que no debía hacer, y esto le provocó un estrés muy grande —no olvidemos los anclajes que hace el inconsciente— que reactivó el programa. Volvió la presión intracraneal, lo que hizo que el médico creyera que tenía razón. Volví a pedirle que empezara la cuarentena, que se relajara, que se entregara al orden superior de las cosas. Una vez transcurrida la cuarentena, sabría lo que tenía que hacer y si la tenían que operar. Le dije: «Entra en tu silencio interior, ríndete a la voluntad de Dios, deja que el Espíritu Santo te inspire y, cuando sientas paz, entonces sabrás».

Independientemente de que el tumor se haya activado, esto demuestra lo que estoy explicando sobre la cultura del sufrimiento. Programas enquistados en nuestro inconsciente a la espera de que el otro cambie, pensando que, de esta manera, todo saldrá bien. Esta mujer aguantó vejaciones durante años, apoyándose en su victimismo, en su razón, en su teórica bondad. Pero, en realidad, no se amaba a sí misma, y esto desemboca siempre en algún tipo de enfermedad.

Un curso de milagros dice: «Si amarse uno a sí mismo significa curarse uno a sí mismo, los que están enfermos no se aman a sí mismos» (T-12.II.1:2).

Muchas veces, nos unimos a otros porque compartimos creencias ocultas en el inconsciente acerca de cómo deben ser las cosas. La unión de todos aquellos que creen que son víctimas de cualquier cosa solo sirve para reforzar el victimismo y aumentar la culpabilidad. Su dolor y sufrimiento son la prueba de que necesitan protegerse. No se les pasa por la mente que lo que están viviendo tiene un sentido que va más allá de cualquier valor y razonamiento de este mundo de la ilusión.

> ¿Es atemorizante sanar? Sí, para muchos lo es. Pues la acusación es un obstáculo para el amor, y los cuerpos enfermos son ciertamente acusadores.
>
> (T-27.II.1:1-2)

> Tu sufrimiento y tus enfermedades no reflejan otra cosa que la culpabilidad de tu hermano, y son los testigos que le presentas no sea que se olvide del daño que te ocasionó,

del que juras que jamás escapará. Aceptas esta lamentable
y enfermiza imagen siempre que sirva para castigarlo. Los
enfermos no sienten compasión por nadie e intentan matar
por contagio. La muerte les parece un precio razonable si con
ello pueden decir: «Mírame hermano, por tu culpa muero».

(T-27.I.4:3-6)

Hay que crecer mucho emocionalmente para aceptar que nosotros
mismos hemos sembrado lo que nos ocurre. Si llegásemos a comprender
der que nuestro pensamiento de desamor hacia nosotros mismos crea
una realidad que se presentará en forma de una experiencia dolorosa,
como un accidente, una violación o una agresión, nuestra vida sería
otra y empezaríamos a adueñarnos de ella. Recuerdo el caso de un
amigo mío que tenía grandes problemas de desvalorización. Un día,
repitió un error y automáticamente se dijo a sí mismo: «Me merezco
una buena hostia por ser tan tonto». Cogió su coche para ir a casa.
Cuando estaba a punto de llegar, la policía lo desvió porque había una
manifestación. Tomó un camino oscuro y muy poco transitado. De repente, oyó un golpe y vio por el retrovisor a un hombre que se quejaba. Se detuvo y vio al hombre acercarse tambaleante. Bajó la ventanilla
para preguntarle si le había hecho daño y, sin más, este le propinó un
enorme bofetón. Mi amigo se fue diciendo: «Señor, comprendido, no
hace falta que sigas». Atención a lo que pedimos, porque, con toda
seguridad, tarde o temprano se nos dará.

¿Son, entonces, peligrosos los pensamientos? ¡Para los
cuerpos sí!

(T-21.VIII.1:1-2)

Un *Curso* nos dice: «Por eso es por lo que siempre encuentras lo que
buscas» (T-12.VII.7:4).

Esta frase hace referencia claramente a que la forma de percibir el
mundo y de experimentarlo depende por entero de uno mismo. Miramos en nuestro interior y elegimos el guía que nos ayuda a interpretarlo: el ego o el Espíritu Santo. Esto depende de cada uno. Así
es como funciona la mente: proyectando o extendiéndose, viéndose
separada o unida.

El poder de decisión es la única libertad que te queda como prisionero de este mundo.

(T-12.VII.9.1)

Podemos elegir entre el victimismo o el aprendizaje, y esta elección solo depende de cada uno. No obstante, no hay que olvidar que, en la primera opción, elegimos juzgar; y en la segunda no percibimos ataque, sino una situación que refleja nuestro mundo interior.

El victimismo colapsa nuestra sociedad, una sociedad del «pobre de mí». Abusamos del sistema social porque pensamos que papá Estado y mamá Seguridad Social deben solucionarnos todos los problemas. Es más, en ocasiones tememos las consecuencias de curarnos o mejorar la salud. ¡Cuántas veces habré visto que la curación queda bloqueada porque supondría la pérdida de una prestación social! A eso se lo llama vivir en el miedo, en la carencia, en la pequeñez; en definitiva, en la separación.

Solo tú puedes privarte a ti mismo de algo. No resistas este hecho, pues es en verdad el comienzo de la iluminación.

(T-11.IV.4:1-2)

Si nuestros gobernantes roban y estafan, pensemos cómo nos robamos y estafamos a nosotros mismos. Ellos son el reflejo de nuestro inconsciente, porque la sociedad refleja nuestro estado mental, un mundo de miedo.

El *Curso* nos sigue iluminando:

El mundo te puede dar únicamente lo que tú le diste, pues al no ser otra cosa que tu propia proyección, no tiene ningún significado aparte del que tú viste en él, y en el que depositaste tu fe.

(T-13.IX.3.1)

4

LAS RELACIONES ESPECIALES

Vamos a entrar en uno de los temas más escabrosos y que más urticaria provocan: el de las relaciones especiales. El marco en el que estas se mueven es idóneo para el ego, para reafirmar la realidad de la separación. El ego nos enseña a buscar la felicidad en los demás, pues allí afuera hay alguien que puede hacernos tremendamente felices y, así, traeremos el Cielo a la Tierra. Conviene aclarar esta expresión, «traer el Cielo a la Tierra», pues podría dar a entender que significa que el mundo es real. No es así, porque me refiero a traer el estado mental del Cielo a la Tierra. *Un curso de milagros* nos enseña en el «Manual para el maestro».

> Convertir el infierno en Cielo es la función de los maestros
> de Dios porque lo que enseñan son lecciones que reflejan
> el Cielo.
>
> (M-14.5:9)

Las relaciones especiales son uniones, basadas en la soledad, en las que una parte de la verdad busca otra parte de la misma, y ambas creen que esta unión está bendecida por el Cielo. Entonces, en nuestra mente enferma, nace el miedo a la pérdida de la persona «amada», y hacemos todo lo posible para no quedarnos otra vez solos y desamparados. Para mantener la relación, recurrimos el argumento más potente del ego: la culpabilidad. Todas nuestras relaciones se mantienen «unidas», por así decirlo, por este sentimiento, que es un gran ejemplo de la creencia en la soledad.

Veamos el ejemplo de una alumna mía de un seminario de bioneu-roemoción. Este seminario trabaja profundamente las bases del autoconocimiento a través de las sensaciones corporales y de los programas inconscientes heredados de nuestros ancestros. Dura diez días y tiene un horario intensivo. El alumno hace una especie de cuarentena, se aísla con una serie de personas que comparten la misma experiencia. Cuando regresó a casa y llamó a sus padres para saber cómo estaban, la respuesta de su padre fue: «¿Me preguntas cómo estamos? Has abandonado a dos familias durante diez días, tu madre se ha encontrado mal y tu marido ha tenido que cuidar a tus hijos».

Un claro ejemplo de relación especial con el argumento más empleado: mantener al hermano atrapado en una relación, para que no escape, no sea que nos quedemos solos y abandonados. Este es el amor especial del ego, un amor revestido de culpabilidad, con ribetes de ira y cólera contra quien no hace lo que esperamos de él. Nuestra desvalorización está en relación directa con la falta de respeto, la pequeñez y la creencia en la soledad que proyectamos.

En toda relación especial, siempre nos encontramos a nosotros mismos en el otro, que es nuestra imagen especular. La víctima siempre se une al victimario; el que no se respeta se encuentra con el que le falta al respeto. Así es en todos los aspectos de la vida. *Un curso de milagros* recalca varias veces que todo aquel involucrado en una situación cumple el papel que le corresponde.

En mis seminarios, suelo contar el siguiente chiste: Dos almas que están en el Cielo tienen que coger un tren que las lleve a la Tierra para seguir su evolución y despertar espiritual. Suben al vagón correspondiente y se dan cuenta de que está vacío. Miran sus asientos: una tiene el 4A y la otra, el 4B. Se sientan y comentan: «¡Qué causalidad que estemos juntas teniendo en cuenta que el vagón está vacío!». Entonces una le pregunta a la otra: «Oye, ¿tú sabes a qué vas a la Tierra?». Y la otra contesta: «Pues sí, tengo que ir para aprender a respetarme». La otra, sorprendida, le dice: «¡Anda, pues yo seré la que te dará de tortas!».

No hace falta buscar maestros para saber qué es lo que tenemos que aprender. La vida nos pone al lado al mejor maestro. Él será el espejo que reflejará todo lo que debamos aprender; nos mostrará nuestra sombra y todos aquellos aspectos que no podemos ver por nosotros mismos. La enseñanza del Espíritu Santo es dual, porque vivimos en un mundo de dualidad.

El sacrificio como argumento de la relación

El argumento del sacrificio es uno de los más utilizados por el ego para hacernos sentir culpables: «Después de todo lo que yo he hecho por ti, después de todos los sacrificios que he vivido para que tú fueras feliz, así es como me lo pagas, ¡desagradecido!».

Entonces nos ponemos enfermos y reclamamos la atención de quien creemos que nos ha abandonado. Nuestras enfermedades son la mejor demostración de que somos víctimas de la relación especial. Mantenemos relaciones inaguantables, y nuestros cuerpos lo expresan con síntomas muy concretos, dependiendo de cómo vivamos el dolor y el sufrimiento. Una señora me preguntó por qué creía yo que sufría repetidas infecciones de orina. Le pregunté cuándo se producían, y me respondió que después de tener relaciones sexuales con su marido. Ella no se preguntaba: «¿Qué pasa cuando tengo relaciones con mi marido? ¿En qué pienso? ¿Qué me molesta de él o del momento? ¿Dónde radica mi incoherencia? ¿Para qué sigo manteniendo esta relación si no me gusta?».

Veamos otro ejemplo: A una señora le dolían las articulaciones y los huesos y tenía problemas de tensión arterial, entre otros síntomas, todos ellos reflejo del desamor, de la desvalorización expresada en su cuerpo. Después del seminario y de una conferencia sobre la cuarentena, tomó conciencia y decidió pasar cuarenta días alejada de su familia y de la de su marido. Quería conectar consigo misma y, en quietud mental, entregar la situación al Espíritu Santo para saber qué hacer. Añadiré que esta mujer aparenta más edad de la que tiene. Es más, cuando supe su edad, me quedé totalmente sorprendido. Al final, todo se refleja en nosotros.

Proyecciones familiares

Las familias pueden ser uno de los agentes más tóxicos en lo referente a las relaciones especiales. Ante todo, hay que considerar que los lazos familiares tienen un sentido biológico profundo y evolutivo. Además, la familia hace que nos sintamos seguros y protegidos frente a los avatares de la vida. Todo ello crea una erie de vínculos que pueden ser muy desestabilizantes.

Las familias emplean diversas artimañas para mantener la «unión familiar», muchas de ellas inconscientes. Veamos algunas:

- *Las amenazas: «Haz esto», «haz aquello»; «tienes que obedecer a tu padre», «si sigues con esa relación, no entres más en casa».*

- *Las frases aparentemente amorosas, como: «Nos haces sufrir con tu actitud», «no deberías ir con estas perso-*

nas», «lo hacemos por tu bien», «tienes que seguir el tratamiento del médico», «aguanta a tu marido por el qué dirán».

- *El control. Tener las llaves de la casa del hijo o de la hija y entrar cuando a uno le parece bien. Inmiscuirse en la relación de los hijos casados. Exigir atención por cualquier causa («tienes que acompañarme al médico»). Llamar por cualquier pequeño detalle, esperando que el hijo o la hija acudan enseguida, etcétera. Recuerdo el caso de una chica. Cada vez que planeaba salir con sus amigos, su madre se ponía enferma y ella tenía que quedarse.*

- *El llamado síndrome de Medea, que consiste en utilizar a los hijos para atacar a la pareja y herirla mediante el chantaje emocional. También cuando un miembro de la pareja maltrata a los hijos o los pone en peligro.*

- *Lo que llamo el síndrome de la oveja negra (era mi caso). Los miembros de las familias se sienten amenazados cuando hay alguien que no cumple con las expectativas. Nada molesta más al clan que el hecho de que uno de sus miembros haga cosas que pongan en entredicho sus creencias. El clan reacciona culpabilizando al díscolo, que encarna el peligro de desintegrar la unión familiar. Algunos miembros de la familia proyectan sobre otros sus miedos, creencias y preocupaciones.*

Las proyecciones de las madres

Las mujeres que se sienten abandonadas por sus maridos proyectan su necesidad de relación sobre sus hijos, sobre todo si son varones. Los maridos ausentes provocan que la madre se vuelque sobre su hijo, que lo haga responsable de su seguridad, que lo esclavice con sobreprotección, con dulces cantos de sirena: «¡Cuánto te quiero, hijo mío!», «¡qué suerte que te tengo a ti y que no eres como el desgraciado de tu padre!». La madre ata al hijo emocionalmente hasta tal punto que este queda anonadado y no puede pensar por sí mismo. Más adelante, este chico buscará una mujer que se parezca a su madre. Buscará una mujer que haya experimentado falta de cariño por parte de su propia madre, que quiera amar todo aquello que perciba o sienta que no ha sido amado. Esta unión, bendecida por el ego, se convierte muy pronto en una relación de resentimiento y dolor, porque ambos están necesitados: uno, de sentirse libre de ataduras y la otra, de atarse para no vivir sola. No se dan cuenta de que ambos repiten los programas de sus padres en versión polarizada, en una imagen especular, complementaria. De esta manera, la historia se repite, pasa de padres a hijos sin que sean conscientes de ello.

Recuerdo el caso de una mujer de cuarenta y seis años que nunca salía de casa porque sentía que, si lo hacía, su madre iba a enfermar. Es un caso espeluznante del amor del ego, de la culpabilidad, pues esta mujer, que tenía un cáncer extendido por todo el cuerpo, había sido concebida en un marco de gran odio. Su madre había pensado muchas veces en abortar, y luego había hecho que su hija se sintiera como una esclava. Su mandato era «Tienes que ayudarme y cuidar de mí». No fue capaz de irse de casa y esto le costó la muerte física. Y eso a pesar de que se había marchado durante unas semanas —periodo al que llamo cuarentena— y de que, como consecuencia de ello, el cáncer había desaparecido. Pero, cuando volvió con su madre, reapareció con más virulencia.

Veamos un ejemplo de relación especial en un contexto de problemas alimentarios. Hay que tener en cuenta que todo lo asociado con la alimentación refleja la relación con la madre.

Se trataba de una señora de cuarenta años que, por su aspecto físico, aparentaba poco más de veinte. No creo que llegara a los treinta y cinco kilos de peso. No mantenía relaciones sexuales ni las había tenido nunca. Tenía un gran problema con la alimentación; se quejaba de un dolor epigástrico que le impedía comer. Su conflicto guardaba relación con la madre. No conocía a su padre y había sido concebida en un contexto en el que su madre se sentía profundamente desvalorizada. Su progenitora sentía un profundo vacío por falta de alimento emocional y ella estaba atrapada en la culpabilidad materna. Tenía que irse de casa para poder desarrollarse emocionalmente, adquirir madurez y liberar su mente de las cadenas de la culpa que su madre proyectaba sobre ella, de su influencia nociva. La expresión que usaba: «No quiero hacer daño a mi madre», era una prueba diáfana de todo esto. No se daba cuenta de que se estaba destruyendo a sí misma, atrapada en el círculo emocional de vacío que su madre proyectaba sobre ella.

No olvidemos que las relaciones especiales son relaciones de miedo envueltas en papel de celofán y con un lazo de color rosa que se llama enamoramiento o cariño.

> No puedes amar solo a algunas partes de la realidad y
> al mismo tiempo entender el significado del amor. [...]
> Creer que las relaciones *especiales,* con un amor *especial,*
> pueden ofrecerte la salvación, es creer que la separación
> es la salvación.
>
> (T-15.V.3:1,3)

Las proyecciones de los padres

Una mujer de cuarenta años presentaba eccemas en diferentes partes del cuerpo, sobre todo en la cabeza. Tenía una relación «violenta» con su padre desde los veintidós años. Cuando ella decidió irse a estudiar a Londres, su padre le puso la condición de mantenerse en contacto permanente con él. Esto la hacía sentirse atrapada. Él no aprobaba, ni aprobó nunca, que se fuera. Ella mantenía esa relación de dependencia con su padre porque esperaba que él la quisiera como ella necesitaba. Se casó con un hombre que mantenía una relación de violencia con su padre, que se sentía castrado y controlado, y sentía que el padre se inmiscuía constantemente en su vida. Siempre nos proyectamos en los demás.

Nuestra vida se refleja siempre en las relaciones que mantenemos. Es más, nuestras relaciones externas son el espejo de nuestra relación con nosotros mismos. En la medida en que no somos queridos, en esa misma medida esperamos que nos quieran, y nos encadenamos a los demás esperando lo imposible.

Veamos el caso de una joven de treinta y cinco años víctima del desamor entre sus padres. Su padre había abandonado a su madre cuando ella tenía dos años. Y ella buscaba en los hombres el cariño paterno que no había recibido. Por otra parte, proyectaba en ellos el rechazo y el odio para los que su madre la había programado cuando estaba embarazada de ella. Esperaba lo imposible: ser reconocida por su padre, que este la llamara y le dijera que la quería; en fin, siempre esperaba que la solución viniera del exterior. En un caso como este, la solución es aceptar la situación y comprender que todo el cariño que esperamos recibir del otro es el que tenemos que darnos a nosotros mismos.

Las proyecciones de las parejas

Siempre tendremos a nuestro lado al mejor maestro que la vida nos puede enviar, y muchas veces pensaremos que lo queremos con locura sin darnos cuenta de que esa locura, ese enamoramiento, proviene de programas inconscientes que buscan complementarnos con el otro. Si no nos respetamos ni valoramos, no podemos esperar de una relación respeto y valoración. Es más, viviremos nuestra carencia, nuestra necesidad, para darnos cuenta de hasta qué punto no nos queremos. Por ello, la relación será de falta de respeto y de violencia.

Estas relaciones especiales son las más comunes en la consulta. En la mayoría de los casos que he tratado a lo largo de mi práctica clínica, están presentes los conflictos de Edipo y de Electra. El hombre o la mujer proyectan sobre su pareja a la madre o al padre, y a veces a los dos.

Veamos el caso de una señora que se quejaba de su tendencia a entablar relaciones con hombres muy inmaduros emocionalmente y, además, maniáticos. Era hija de una madre que no había cumplido su papel. Es más, me confesó que hacía de madre de su madre, pues le daba mucha pena, ya que su abuela nunca había querido a su madre. Llevaba un programa de «mamitis» (la terminación -*itis* indica inflamación o exceso). Ella se ocupaba de todos, y siempre encontraba hombres con «hijitis» que buscaban en ella a una madre cuidadora. Su abuela decía «no saber lo que era el sexo», y había tenido a sus hijos en un contexto de violencia y violación. Por eso, la madre de mi clienta no ejercía de madre y siempre había buscado a alguien que la cuidara, primero su marido y después su hija, que se encontraba atrapada en una relación de dependencia emocional con su madre y proyectaba ese conflicto en sus parejas.

Veamos otro caso: una mujer con anorgasmia (ausencia de orgasmos en las relaciones sexuales). Como era de esperar, estaba casada con un hombre con el que apenas tenía relaciones sexuales. Vimos que uno de sus ascendientes había sido pedófilo y violador, y mi clienta reparaba sus programas evitando el sexo. Su madre había sido una hija no deseada debido a la violencia de su propio padre, y tenía un gran resentimiento contra los hombres, que recayó sobre mi clienta. Por eso, no podía tener relaciones sexuales satisfactorias. Estaba atrapada emocionalmente por su madre, por esta carencia de amor debido a los anclajes biológicos entre madre e hija. Ella proyectaba su problema —programa— en sus relaciones. Su pareja actual estaba en relación directa con su madre —conflicto de Edipo— y, para su inconsciente, su marido era su madre: era como si le recordara que no había que tener relaciones sexuales.

> Todo el mundo aquí en la tierra ha entablado relaciones especiales, y aunque en el Cielo no es así, el Espíritu Santo sabe cómo infundirlas de un toque celestial aquí.
>
> (T-15.V.8:1)

No tenemos conciencia de que nuestras relaciones especiales son la expresión de nuestro pasado, y de que ellas manifiestan en nuestras vidas nuestros conflictos o errores, o los de nuestros padres y abuelos.

Vivimos vidas de dolor y sufrimiento, siempre con miedo al abandono y a la soledad. Esta es la cuna donde se mecen las futuras enfermedades corporales.

Nuestra propia proyección

Proyectamos en la pantalla de la vida nuestros miedos alimentados por la soledad, por la creencia de que, si amamos a los demás con un amor especial, podemos sufrir. Entonces, nuestras relaciones especiales son como el puercoespín, cuyas púas lo protegen para que nadie se acerque y pueda hacerle daño. La soledad es la máxima expresión del miedo a la soledad. No nos damos cuenta de que nos obligamos a vivir solos por miedo al abandono. Esta proyección rayaría en el patetismo si no pudiéramos comprender que nuestra vida es la expresión de unos programas.

Tomemos el ejemplo de los hombres y las mujeres que no se comprometen en sus relaciones por miedo a abandonar o ser abandonados. Conservan programas de soledad para evitar ser engañados por sus parejas, programas de infidelidades, de casamientos obligados, en los que la infelicidad es el alimento diario de la relación. Son hijos e hijas nacidos de relaciones llenas de miedo y dolor.

Ahora bien, como proyectamos estos programas en el espejo del mundo, nos rodeamos de personas que nos complementan con programas parecidos, personas con adicciones emocionales que se unen a nosotros por miedo a la soledad. Cuanto más intentamos apartarnos de ellas, más nos buscan.

La proyección del otro

Si nuestra relación con nosotros mismos es nula, estamos anulados, dejamos que el otro haga con nosotros lo que le plazca con tal de que no nos abandone. Soportamos vejaciones, maltratos, violaciones, y justificamos a los maltratadores considerando que tienen derecho a actuar así, ya que somos incapaces de gobernar nuestra propia vida.

Se trata de personas portadoras de profundos programas de soledad y abandono heredados de sus abuelos y abuelas; los cuales, a su vez, fueron abandonados físicamente por sus padres. Estas personas esperan la reparación en sus descendientes para liberarse en el otro mundo de los errores que vivieron en este. He atendido en mi consulta casos de mujeres que justificaban los maltratos y las violaciones en el matrimonio. Esta locura se puede comprender al estudiar sus árboles genealógicos. Al mismo tiempo, comprobamos que el victimario también tiene programas parecidos a los de la víctima, pero en la polaridad complementaria. Ambas personas se proyectan mutuamente y ambas tienen grandes carencias emocionales, que se expresan en conductas violentas en los hombres y en conductas de sumisión en las mujeres. En psicología, a estas conductas se las llama el síndrome de Manolo y el de Mari Pili.

Actualmente, hay más de dos mil estudios científicos que demuestran que heredamos los conflictos, los modos de vida y los problemas de los abuelos, y que estos se manifiestan como síntomas físicos. El lector interesado puede dirigirse a los estudios de epigenética conductual que explico en mis libros. También se puede buscar en Internet información sobre estos estudios realizados en la Universidad McGill de Montreal, Canadá.

> De acuerdo con la interpretación del ego, «Castigaré los pecados de los padres hasta la tercera y la cuarta generación» es una aseveración especialmente cruel.
>
> (T-5.VI.8)

Desde la perspectiva del ego, nos preguntamos qué culpa tenemos de los pecados de nuestros padres. Desde el punto de vista del Espíritu Santo —o, lo que es parecido, de la física cuántica o la metafísica—, según el cual todo está unido, comprendemos que todo es información y que esta no se puede perder, pero sí transformarse. Las relaciones especiales son una magnífica oportunidad de manifestar esta información, de tomar conciencia y liberar estos programas tan tóxicos, convirtiéndolas en relaciones santas. Veremos la relación santa en la segunda parte del libro.

> Lo que se proyecta y parece ser externo a la mente no se encuentra afuera en absoluto, sino que es un efecto de lo que está adentro y no ha abandonado su fuente.
>
> (T-26.VII.4:9)

En el apartado «El sacrificio innecesario», *Un curso de milagros* nos enseña precisamente cómo el ego entabla estas relaciones especiales.

El ego entabla relaciones con el solo propósito de obtener algo. Y mantiene al dador aferrado a él mediante la culpabilidad. Al ego le es imposible entablar ninguna relación sin ira, pues cree que la ira le gana amigos. No es eso lo que afirma, aunque ese *es* su propósito. Pues el ego cree realmente que puedes obtener algo y conservarlo *haciendo que otros se sientan culpables.*

(T-15.VII.2:1-5)

... pues para el ego lo único que las relaciones significan es que los cuerpos están juntos. Esto es lo que el ego siempre exige, y no objeta adónde se dirige la mente o lo que piensa, pues eso no parece ser importante. Mientras el cuerpo esté ahí para recibir su sacrificio, él es feliz. Para él la mente es algo privado, y el cuerpo es lo único que se puede compartir. Las ideas son básicamente algo sin importancia, salvo si con ellas se puede atraer o alejar el cuerpo de otro. Y ese es el criterio del que se vale para juzgar si las ideas son buenas o malas. Todo aquello que hace que el otro se sienta culpable y que le impida irse debido a la culpabilidad es «bueno». Lo que lo libera de la culpabilidad es «malo», pues en ese caso dejaría de creer que los cuerpos se pueden comunicar, y, por lo tanto, se «marcharía».

(T-15.VII.8:2-9)

El sufrimiento y el sacrificio son los regalos con los que el ego «bendice» toda unión. Y aquellos que se unen ante su altar aceptan el sufrimiento y el sacrificio como precio de su unión. En sus iracundas alianzas, nacidas del miedo a la soledad, aunque dedicadas a la perpetuación de la misma, cada cual busca aliviar su culpabilidad haciendo que el otro se sienta más culpable. Pues cada uno cree que eso mitiga su propia culpabilidad.

(T-15.VII.9:1-4)

Cada vez que te enfadas, puedes estar seguro de que has entablado una relación especial que el ego ha «bendecido», pues la ira *es* su bendición. [...] La ira no es más que un intento de hacer que otro se sienta culpable, y este intento constituye la única base que el ego acepta para las relaciones especiales.

(T-15.VII.10:1,3)

Mientras creas que estar con otro cuerpo es tener compañía, te verás obligado a tratar de reducir a tu hermano a su cuerpo, y a confinarlo allí mediante la culpabilidad.

(T-15.VII.12:2)

Todas las relaciones especiales son expresiones de un odio escondido en las entrañas de nuestras mentes que busca manifestarse. ¿Cómo, si no, podríamos entender estos vínculos tan desajustados, tan irracionales? Personas que viven relaciones de violencia continuada y que, cuando se les da la oportunidad de cambiar, se siguen agarrando a ellas. Los jueces dictan órdenes de alejamiento, pero la víctima vuelve a unirse al violento porque dice «quererlo». Nunca debemos olvidar que, en la medida en que decimos querer al otro, en esa misma medida no nos queremos a nosotros mismos.

Veamos otro ejemplo de relaciones especiales: Una señora vino a mi consulta con problemas de alergias a los productos químicos y con una trombosis en la arteria del ojo que alimenta la retina. Se trataba de una historia de familia: ella había vivido como una cenicienta, cuidando de sus padres. Limpiaba continuamente (atención a los agentes químicos). Quería vivir con su madre, que le exigía que mantuviera la casa limpia. Fue fácil darse cuenta de cómo funcionaba esta relación. Su ira y su cólera —como programa inconsciente— contra su madre le provocaron un síntoma muy doloroso, la trombosis en la arteria del ojo, porque ella no hacía lo que tenía que hacer para sentirse segura. Ella reclamaba el amor de su madre, y esta esperaba que su hija hiciera lo mismo que ella había tenido que hacer: ¡¡de cenicienta!! Así de retorcido puede ser el resentimiento en el inconsciente.

Cuando se examina la relación especial, es necesario antes que nada, darse cuenta de que comporta mucho dolor. Tanto la ansiedad como la desesperación, la culpabilidad y el ataque

> están presentes, intercalados con periodos en que parecen haber desaparecido.
>
> (T-16.V.1:1-2)

El ego siempre reviste de culpabilidad toda relación especial. En el fondo, lo que busca es que pensemos y sintamos que Dios es el culpable de las relaciones desastrosas. De hecho, pedimos a Dios que nos envíe una pareja con la que seamos plenamente felices, una unión bendecida por el Cielo. Recuerdo que estaba en India, en el *ashram* de un maestro, y un amigo me comentaba lo guapas que son las mujeres indias. Hacía muy poco que se había divorciado. Le propuse que pidiera inspiración al maestro para que lo guiara en la elección de su próxima esposa. Casi sin respirar, exclamó: «¿Y si es fea?». Sin comentarios. Quiero añadir que este hombre se enamoró de una chica guapa, que ella estaba prendada de él y al poco tiempo él decidió cortar con la excusa de que era demasiado bonita. En fin, como suelo decir, estamos como una campana sin badajo.

La relación especial que mantenemos con Dios

Creemos que tenemos que unirnos a Dios de una forma especial a la que llamo religión. Entonces, aparece un abanico de posibilidades, a cual más exótica. Lo importante es que el ego también se manifieste en esta relación tan especial. El ego quiere que nos sintamos alejados de Dios y que creamos que, para que Él esté contento, tenemos que hacer algo especial y asumir compromisos especiales.

Peregrinaciones especiales, viajes a centros energéticos, posturas concretas, determinadas comidas, promesas, hasta para tener relaciones sexuales hay instrucciones. Lo importante es hacer «algo» especial que sea bendecido por este ego espiritual, que nos diferencie de los otros hermanos que hacen cosas menos especiales que las nuestras. El ego se apega a todo lo que lo hace sentirse especial. Queremos vivir con sencillez y hacemos todo lo posible para que los demás lo sepan. Nos vestimos con ropas especiales para que se vea que somos diferentes.

Hablar de las relaciones especiales sin emitir juicio alguno requiere explicarlas a través del Espíritu Santo. Exige perdonarse de forma continua, porque uno sabe perfectamente que, si quiere examinar el ego y su psicología, lo tiene que hacer a través de su propio ego. Solamente siendo consciente de ello y entregando la propia percepción al Espíritu Santo es posible estar en paz y aplicar continuamente el perdón. Siempre encontramos y sentimos la señal en nuestro cuerpo físico. Tenemos que estar alerta hasta para explicar cómo funciona el ego si no queremos vernos atrapados en sus juicios y percepciones. Cualquier leve punzada de dolor es un aviso de que estamos entrando en terreno resbaladizo. Debemos entregar al Espíritu Santo ese dolor, porque es la manifestación de un juicio interno escondido en los rincones más oscuros del inconsciente.

> En la relación especial —nacida del deseo oculto de que
> Dios nos ame con un amor especial— es donde triunfa el
> odio del ego. [...] Es esencial para la supervivencia del ego
> que tú creas que el especialismo no es el infierno,
> sino el Cielo.
>
> (T-16.V.4:1,3)

> No parece que lo que buscas en la relación especial sea
> la venganza. Y ni siquiera cuando el odio y la crueldad se
> asoman fugazmente se quebranta seriamente la ilusión
> de amor. Sin embargo, lo único que el ego jamás permite
> que llegue a tu conciencia es que la relación especial es
> la exteriorización de tu venganza contra ti mismo. ¿Qué
> otra cosa podría ser? Cuando vas en busca de una relación
> especial, no buscas la gloria dentro de ti.
>
> (T-16.VII.5:1-5)

Las relaciones especiales mantienen atrapados a los egos mediante fantasías. Las fantasías son un extraordinario ardid del ego para revestir toda relación especial con argumentos y seguir atado a ella. Se trata de promesas de felicidad, de placer, de logros o satisfacciones ocultas, proyecciones que, en definitiva, no llegamos a manifestar, no vaya a ser que el otro se entere y nos deje tirados como una vulgar colilla.

La relación especial nunca nos proporciona paz, pero sí ansiedad y preocupación. Nos mantiene atentos a los deseos del otro, procurando que no interfieran con los nuestros. Y, cuando lo hacen, culpabilizamos al otro para dominar su voluntad. La culpa es nuestro mejor argumento; no dudamos en utilizarla y lo hacemos de múltiples maneras, a cual más sutil. Cuando reclamamos al otro aquello que creemos que tiene que hacer y no hace, él nos puede responder con una lista de sus expectativas que no hemos cumplido. «Y tú, ¿qué?» es la frase más manida del ego. «Y tus padres, ¿qué?» es otra de sus simpáticas expresiones. O: «¡Y todo lo que hago por ti!».

> La relación especial es un mecanismo extraño y antinatural del ego para unir Cielo e infierno, e impedir que se pueda distinguir entre uno y otro.
>
> (T-16.V.6:1)

> Lo más curioso de todo es el concepto de yo que el ego fomenta en las relaciones especiales. Este «yo» busca relaciones para completarse a sí mismo. Pero cuando encuentra la relación especial en la que piensa que puede lograrlo, se entrega a sí mismo, y trata de «intercambiarse» por el yo del otro. [...] Cada uno de ellos trata de sacrificar el yo que no desea a cambio de uno que cree que prefiere.
>
> (T-16.V.7:1-3,5)

Veamos un magnífico ejemplo de relación especial con Dios: el de una señora de sesenta y dos años de edad que aparentaba más de setenta. Vino a mi consulta por un problema de osteoporosis. También tenía insomnio. Era una persona con una gran desvalorización. Había sido concebida con violencia. Su madre había intentado abortar muchas veces tirándose por las escaleras, entre otros métodos. Llevaba un programa de vacío existencial y estaba atrapada en una relación adictiva con su madre, que nunca la había dejado hacer su vida. No salía de casa, nunca había tenido relaciones sexuales y siempre se había sentido atrapada en las «garras» de su madre que, en ese momento, tenía noventa y dos años y estaba vivita y coleando. Su padre había sido un maltratador. Sus propios padres lo habían abandonado cuando tenía dos años. Ella decía que cuidaba de su madre porque era muy creyente y pensaba que Dios la castigaría si la abandonaba, algo que deseaba hacer desde hacía muchos años. Me comentó que se le había pasado por la cabeza suicidarse, pero no lo había hecho por miedo al castigo de Dios. Esperaba que su madre muriera para poder morirse ella.

Este es un ejemplo de relación especial en la que Dios es el protagonista especial. El miedo a Dios —una de las mayores locuras que la mente puede crear— la mantenía atrapada. Su físico, muy deteriorado, manifestaba ese sufrimiento interior y era la muestra más palpable de la creencia de que, para agradar a Dios, hay que sacrificarse y sufrir.

Otra relación especial que conocí era tragicómica. En México D. F. un amigo me llevó a un parque nacional situado a unos tres mil metros de altura, llamado Desierto de los Leones. En él, había dos pueblos que se odiaban desde hacía generaciones. Cuando pregunté cuál era la causa del odio, nadie lo sabía. Lo único que sabían era que siempre se habían odiado.

Las relaciones especiales solamente conducen al dolor, al sufrimiento y a la enfermedad. Las familias las utilizan constantemente. Procuro enseñar a mis clientes y alumnos que es posible sanarlas y que es importante que nos liberemos de la culpabilidad. Una buena cuarentena, para alejarse de todas estas relaciones tóxicas, permite aquietar la mente y alcanzar el estado de paz necesario para sanarlas.

Terminaré este capítulo con un toque del humor. Siempre procuro emplearlo en mis clases sobre *Un curso de miagros*, porque, como dice el *Curso*, el Hijo de Dios se ha olvidado de reír. Vamos a reírnos un poco.

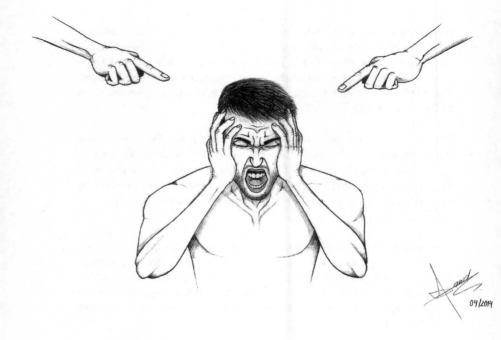

04/2014

La culpabilidad mueve al mundo

Donde más se utiliza el sentimiento de culpa como un arma es en la pareja. Los hombres, cuando queremos algo de ellas, nos ponemos malos: «Oye, baja tú la basura, que tengo acidez». ¿Qué tendrá que ver? Es como decir: «Oye, toca tú la guitarra, que yo tengo caspa». Esto es lo que hacemos los hombres; pero lo de ellas es terrorismo emocional. Cuando quieren conseguir algo de un hombre... ¡lloran! Porque saben que eso nos desarma. Si ella quiere ir a ver la última película de Russell Crowe, nunca dirá: «¿Vamos a ver la última de Russell Crowe?». No... eso no es femenino. Ella espera a que te sientes en el sofá con la cervecita y las zapatillas... Y, cada vez que la miras, pone cara de José Luis Perales. Hasta que le dices: «¿Te pasa algo, cariño?». Contesta: «Nada...». «Mujer, como tienes esa cara...». «¿Y qué cara quieres que ponga si ya no me quieres?». «Oye, pero ¿por qué dices eso?». «Pues porque ya no salimos nunca: ni al cine, ni a ver películas de Russell Crowe ni nada».

En ese momento, sientes que el gusanito de la culpa crece y crece hasta convertirse en Godzilla. Y te sientes el miserable más grande del mundo, mientras ella llora hecha un ovillo en el sofá. Así que le dices: «Venga, cariño, que le den al fútbol; vámonos ahora mismo al cine» (tomado de *El club de la comedia*).

SEGUNDA PARTE:
EL REGRESO A CASA

5

LA VISIÓN DEL EGO

Voy a hacer una pausa en mi relato para que reflexionemos sobre lo que estoy exponiendo y prestemos atención a lo que sigue. A partir de este momento, vamos a adentrarnos en la forma de pensar del ego, con todo lo que esto implica. Puede resultar doloroso, pero este dolor es únicamente una percepción del ego que se resiste a perder su influencia en nuestra vida. No debemos olvidar que la comunicación es el mejor medio para tomar conciencia. Veremos que el ego comunica para separar y el Espíritu Santo para tomar conciencia de uno mismo.

Veamos lo que dice *Un curso de milagros*:

> El ego, por lo tanto, está en contra de la comunicación, excepto cuando se utiliza para establecer separación en vez de para abolirla. El sistema de comunicación del ego se basa en su propio sistema de pensamiento, al igual que todo lo demás que él impone. Su comunicación está controlada por la necesidad que tiene de protegerse, e interrumpirá la comunicación siempre que se sienta amenazado. Esta interrupción es una reacción hacia una o varias personas determinadas.
>
> (T-4.VII.2:2-5)

> El espíritu está en completa y directa comunicación con todos los aspectos de la creación, debido a que está en completa y directa comunicación con su Creador. [...] Esta comunicación es perfectamente abstracta, ya que su aplicación es de una calidad universal y no está sujeta a ningún juicio, excepción o alteración.
>
> (T-4.VII.3:4,9)

La inmensa mayoría de las personas albergan en su interior un deseo que las mueve a mirar al Cielo. Desde los albores de los tiempos, la humanidad siempre ha intentado explicar lo inexplicable atribuyéndoselo a un dios o a una fuerza que controla las vidas. Todas las culturas han adorado a quien consideran el hacedor o los hacedores de todo lo que ocurre. Normalmente, son dioses caprichosos y humanizados, con sentimientos y emociones como las nuestras. Por eso, podemos hablar de la «ira de dios» sin ningún problema ni rubor. Hacemos los dioses a nuestra imagen y semejanza.

El ego dice que hay que temer a Dios porque nos puede castigar y es proclive a enviarnos plagas y enfermedades sin ningún miramiento. Nos sentimos culpables y nos creemos desheredados; por eso, tenemos que hacer muchos sacrificios y castigar al cuerpo como máximo responsable de nuestras desgracias y sinsabores.

> El origen de los apetitos corporales no es físico. El ego considera al cuerpo como su hogar, y trata de satisfacerse a sí mismo a través de él. Pero la idea de que eso es posible es una decisión de la mente, que está completamente confundida acerca de lo que realmente es posible.
>
> (T-4.II.7:7-9)

Hay algo en nuestro interior que nos empuja a volver a casa. Como vivimos en una mente dual, pensamos y creemos que tenemos que hacer algo especial para que Dios nos deje regresar y así poder descansar. Establecemos toda una serie de ritos, mandamientos, obligaciones, ayunos, penitencias y castigos corporales; enaltecemos el dolor y el sufrimiento como medios de expiación, creyendo que así se nos dejará entrar en el Paraíso. Algunos creen en el martirio como expresión máxima del sacrificio, y otros llegan a pensar que, si mueren por una causa superior, irán al Cielo y tendrán cien vírgenes a su disposición. Lo que no saben es que tendrán que satisfacerlas sexualmente a todas durante toda la eternidad.

De todos es bien conocida la necesidad de volver a casa. Cuando se vive con un sentimiento de carencia, este nos hace buscar ídolos y más ídolos. Nunca nos sentimos preparados. Creemos que el camino de regreso a casa es un «sendero espiritual» lleno de dolor, sacrificio y sufrimiento, y que tenemos que estudiar técnicas y más técnicas para prepararnos para el gran momento de la iluminación. Entonces aparecen en nuestra vida los mercaderes del templo, que nos piden dinero para que podamos hacer nuestras ofrendas y agradar a este Dios que tanto tememos. Nunca nos sentimos preparados, siempre estamos inseguros, creemos que carecemos de capacidades para desarrollar lo que sentimos en nuestro corazón. Queremos ser sanadores, ayudar a los demás, ser portadores de paz, y estamos en permanente conflicto con nosotros mismos. Somos incapaces de darnos cuenta de que lo que vemos afuera es justamente lo que proyectamos y, por lo tanto, está en nuestro interior. El ego se regocija con todo ello. Disfruta cuando nos sentimos descorazonados, incapaces, pequeños, abandonados, cuando creemos que no sabemos lo suficiente y tenemos que prepararnos. Siempre estamos preparándonos, sin ser conscientes de que el secreto no solo está en el estudio, sino en la experiencia.

> No tienes que buscar la salvación en parajes remotos.
>
> (T-9.VII.1:5)

> Al Hijo de Dios no se le despojará de sus creencias. Pero él *puede* renunciar a ellas, pues la Fuente para desvanecerlas mora en él.
>
> (T-14.I.3:6-7)

La lección más difícil que debemos aprender es que «la verdad es verdad», una lección fundamental de simplicidad.

> Esta es la lección más difícil que jamás tendrás que aprender y, al fin y al cabo, la única. La simplicidad es algo muy difícil para las mentes retorcidas.
>
> (T-14.II.2:2-3)

La dificultad es la principal arma del ego para desanimarnos y que dejemos de buscar el camino de regreso a casa. El ego nos hace creer que estar con Dios es difícil y requiere grandes esfuerzos y sacrificios.

Siempre recordaré a un «iluminado» que decía que dominaba la Cábala. Nos enseñaba el árbol de la vida con todas sus complejidades y las dificultades para entenderlo. Decía que se necesitaban muchos años de estudios y meditación. Yo pensaba que Dios no podía ser tan inaccesible, que no podía ser tan complicado acercarse a él. Ya he hablado de las religiones como principal impedimento para llegar a Dios, y el mismo *Curso* dice que toda religión es el reconocimiento de que lo irreconciliable no puede ser reconciliado. Es la expresión del ego de la eterna lucha entre el bien y el mal o, lo que es lo mismo, la dualidad hecha realidad en el sueño del Hijo de Dios. El demonio y Dios nunca se podrán encontrar porque su separación es eterna. Y ¡olé!, diría yo.

Los que no se pueden encontrar nunca son el Espíritu Santo y el ego. Ambos tienen un plan muy diferente e igual de coherente, porque ambos están en la mente divida del Hijo de Dios. No olvidemos que el ego ha sido creado por la mente que se creía separada.

Si queremos cumplir una función especial en este mundo, el *Curso* nos ofrece una: «Tu función especial es aquella forma en particular que a ti te parece más significativa y sensata para demostrar el hecho de que Dios no es demente» (T-25.VII.7:1).

6

LA VISIÓN DEL ESPÍRITU SANTO

En un tiempo sin tiempo, estaba Dios Padre en los Cielos mirando lo que hacía su Hijo en su sueño. Dios quería decirle que no pasaba nada, que su amor por él era infinito y que todo lo que hacía era innecesario. Es más, que era perjudicial. A su lado, estaba el Espíritu Santo, y le preguntó: «¿Qué te ocurre, Señor de todos los Cielos?». «Mi hijo no me oye, hace cosas muy extrañas allá en el sueño. Sufre y cree que su sufrimiento me causa placer. ¡Qué extraño! ¿Por qué piensas que mi hijo cree eso?». El Espíritu Santo, que puede entrar en el sueño del hijo pero no puede mostrarse ante él, le contestó: «Señor de todos los Cielos, creo que tu hijo quiere volver a casa contigo porque piensa que Tú lo echaste del Reino. La culpabilidad lo tiene atrapado y busca su redención en el castigo». Entonces el Señor de todos los Cielos indicó al Espíritu Santo que se adentrase en el sueño de su hijo y le indicase el camino de regreso a casa. Y, sobre todo, que le enseñase que es un viaje sin distancia.

El Espíritu Santo enseña mediante opuestos, porque enseña a una mente dividida, dual. La manera de regresar a casa no consiste en deshacer el camino recorrido, pues ello representaría millones de años de nuestro tiempo, sino en tomar conciencia de que debemos hacer santo cada encuentro que tengamos con un hermano nuestro.

Hay muchas enseñanzas espirituales que nos dicen: «Conócete a ti mismo». Casi todas afirman que, para conseguirlo, debemos mirar en nuestro interior. Esto puede resultar muy complicado; el ego se entrometerá de lleno y nunca nos permitirá dejar de sentirnos culpables.

El Espíritu Santo nos da otro consejo: no busques dentro de ti; más bien observa a quien tienes delante de ti. Nos enseña que nos tratamos a nosotros mismos de la misma manera en que tratamos al otro. Nos explica que, si solo buscamos en nosotros, caeremos en la trampa del ego, porque eso supondría creernos separados de los demás.

> Nunca te olvides de esto, pues en tus semejantes, o bien te
> encuentras a ti mismo o bien te pierdes a ti mismo.
>
> (T-8.III.4:5)

El Espíritu nos enseña que no podemos encontrarnos a nosotros mismos por nuestra cuenta y que, para regresar a casa, tenemos que reconocernos en cada uno de los hermanos que encontremos en el camino. A esto el *Curso* lo llama «encuentro santo», y en él podemos liberarnos o condenarnos. Además, en nuestro hermano, podemos encontrar las respuestas que nos envía el Espíritu Santo, y las recibiremos de acuerdo a cómo lo consideremos a él.

> Nunca olvides la responsabilidad que tienes hacia él, ya que
> es la misma responsabilidad que tienes hacia ti mismo.
>
> (T-8.III.5:11)

Esto nos permite experimentar cada acontecimiento como una oportunidad de elegir entre el miedo y el amor, de hacer real el error o de aplicar el perdón.

7

EL PERDÓN COMO EXPERIENCIA PARA COLAPSAR MILLONES DE AÑOS

Al hablar sobre el perdón, siempre hemos de enfrentar dificultades de comprensión. Para la mente dual —el ego—, el perdón es una especie de sacrificio que Dios nos pide para demostrar que somos buenos y poder entrar en el Cielo. De ahí la necesidad del martirio. Con el ego, siempre señalamos el pecado antes de perdonarlo —aunque nunca lo olvidamos—, porque somos buenos. El pecado es fundamental en la teología del ego, pues reclama castigo, y el castigo siempre tiene que venir de Dios. Entonces surgen el famoso «temor de Dios» y la necesidad de ser perdonados. Y para alcanzar ese estado hay que sufrir y sacrificarse. En la dinámica del ego, esto es fundamental para establecer las famosas relaciones especiales, en las que aguantamos toda clase de vejaciones, manipulaciones y condicionamientos que nos mantienen esclavizados. Pensamos que esta es la cruz que Dios nos ha envidado para sacrificarnos y así alcanzar la redención.

El perdón del ego se describe con claridad en el *Curso*:

> Nadie que esté hablando en serio diría: «Hermano, me has herido. Sin embargo, puesto que de los dos yo soy el mejor, te perdono por el dolor que me has ocasionado». Perdonarle y seguir sintiendo dolor es imposible, pues ambas cosas no pueden coexistir.
>
> (T-27.II.2:8-9)

Para el Espíritu Santo, el perdón no consiste en ver el pecado y luego perdonarlo, sino simplemente en darse cuenta de que no hay nada que perdonar, que todo es una experiencia de perdón.

Dicho así, cuesta entenderlo. Voy a intentar arrojar un poco de luz sobre este punto:

- *Si le pedimos a Dios que nos dé paciencia, ¿qué creemos que nos dará: paciencia o una oportunidad de ser pacientes?*

- *Si le pedimos a Dios una familia, ¿qué nos dará: una familia o una oportunidad de formarla?*

- *Si le pedimos una pareja fiel que nos acompañe en todas las vicisitudes de la vida, ¿qué nos dará: una pareja o la oportunidad de manifestarnos de cierta manera para encontrarla?*

- *Si queremos tener abundancia en nuestra vida, ¿qué le pediremos: abundancia u oportunidades de manifestarla?*

Y, finalmente:

- *Si queremos saber qué es el perdón, ¿le pediremos a Dios que nos perdone o la oportunidad de perdonar para aprenderlo?*

No debemos olvidar que siempre recibimos lo que damos y que este es el mundo de la experiencia. Para saber algo, no basta con el ya famoso «ya lo sé»; hay que experimentarlo.

Pero esto no es todo, porque existen dos lecturas del perdón:

1. Desde el punto de vista de la dualidad, el ego no se siente atrapado porque le queda otra opción, que es la siguiente: las experiencias de perdón son el reflejo de nuestra culpabilidad, por eso él ve cada ocasión separada del Todo. En cada oportunidad de aplicar el perdón, el ego nos recuerda nuestra culpabilidad inconsciente. Obviamente, esto nos da miedo, porque pensamos en todas las vicisitudes que deberemos enfrentar para alcanzar el perdón completo. Y vuelta a empezar, que es lo que quiere el ego.

2. Desde el punto de vista de la unidad, del holismo, la culpabilidad no es de ninguno de nosotros. Es una energía que nos mantiene atados a todos y nos hace vivir la experiencia de volver a casa como un camino largo y arduo que puede durar millones de años. Por eso, cuando se nos presenta una ocasión de perdonar, no perdonamos nuestras culpas inconscientes, sino la culpabilidad general que mantiene atrapado al mundo. Cada vez que perdonamos con el Espíritu Santo colapsamos miles de años de culpabilidad; eso nos convierte en salvadores. El *Curso* lo expresa claramente al referirse a la Expiación, que deshace el error y ahorra tiempo.

> Si un número suficiente de nosotros llega a alcanzar una
> mentalidad verdaderamente milagrosa, este proceso
> de acortar el tiempo puede llegar a ser virtualmente
> inconmensurable.
>
> (T-2.VIII.2:7)

> En el estado de ser la mente siempre lo da todo.
>
> (T-4.VII.5:8)

Desde esta perspectiva, se entiende perfectamente la crucifixión. El ego afirma que Dios entregó al mejor de sus Hijos y lo hizo sufrir por nuestra culpa. ¡Vaya, que para ser bueno tienes que pasarlas «canutas»!

La crucifixión es un magnífico ejemplo de liberación de la culpabilidad inconsciente del mundo, y no un acto necesario para entrar en el Cielo. Hay tanta culpa inconsciente que alguien tiene que liberarla, y ese alguien somos nosotros. Por eso, cuantos más seamos los que tengamos una mentalidad milagrosa, más culpabilidad se liberará y, así, eliminaremos más tiempo de permanencia en este mundo de dolor y sufrimiento.

La culpa se manifiesta en nuestros cuerpos y en nuestras vidas como efectos de una causa que no es real. Dicho de otra manera, efectos que vivimos como consecuencia de causas que solo están en nuestras mentes.

Cuando hablo de culpabilidad, no me refiero a la culpa derivada de una acción premeditada contra algo o alguien, como, por ejemplo, un robo. Hablo de la culpabilidad que vamos acumulando al hacer lo que no queremos. O cuando no lo hacemos y nos sentimos culpables; o cuando creemos que podemos hacer daño a alguien por no cumplir sus deseos; o cuando nos imponemos el deber de querer a nuestros padres por el simple hecho de serlo, a pesar de saber que han sido nocivos para nosotros, que no nos desearon, que somos fruto de un desamor. La culpa inconsciente gobierna nuestro mundo mental y nos condiciona para realizar actos incoherentes con lo que pensamos y sentimos. Esta es la culpabilidad que primero hay que perdonar. Todo ataque es consecuencia de un miedo profundo. Quizá el hermano que nos ataca o nos roba no se sienta culpable. Pero, como todos atraemos nuestras circunstancias a nuestras vidas, nos brinda una magnífica oportunidad de perdonar la culpabilidad inconsciente del mundo.

Jesús no se dejó crucificar para perdonar nuestros pecados. Realizó un supremo acto de amor para demostrar que el ataque más feroz, a juicio del ego, no tiene relevancia. Su propósito era eliminar esta culpabilidad inconsciente del inconsciente colectivo y, con ello, colapsar gran cantidad de tiempo.

Se necesita una mente cuántica, una mente que sepa que el Todo está en cada parte y que estas lo contienen. Una mente cuántica es consciente de que, cuando aplica el perdón a todo lo que la rodea, está perdonando a la totalidad. No se perdona a sí misma, o al otro, porque sabe que todo está unido. No se puede perdonar a un hermano y no perdonar a los demás, de la misma manera que no se puede culpar a alguien y pensar que esta culpa no va a recaer sobre uno mismo y sobre los demás. Vivir con esta conciencia nos hace discípulos del gran maestro Jesús. Mantenernos alerta a esto en todo momento nos convierte en personas con una percepción inocente.

> El reconocimiento de que la parte es igual al todo y de que el todo está en cada parte es perfectamente natural, pues así es como Dios piensa, y lo que es natural para Él es natural para ti.
>
> (T-16.II.3:3)

> Ellos forman parte de ti, tal como tú formas parte de Dios. Cuando no entiendes esto, te sientes tan solo como se siente Dios Mismo cuando Sus Hijos no lo conocen. La paz de Dios radica en entender esto.
>
> (T-7.VII.10:6-8)

> Los que percibes como adversarios forman parte de tu paz, a la cual renuncias cuando los atacas.
>
> (T-8.I.3:4)

Por todo ello, con cada oportunidad de aplicar este perdón no solo eliminamos nuestra culpabilidad inconsciente, sino la de todos, y esto nos convierte en salvadores del mundo.

El perdón es lo que nos libera totalmente del tiempo y lo que nos permite aprender que el pasado ya pasó.

(T-26.V.6:1-2)

Los que descubren que su salvador ya no es su enemigo experimentan un sobresalto.

(T-29.I.8:5)

... el tiempo solo está a la espera del perdón para que las cosas del tiempo puedan desaparecer, ya que no son de ninguna utilidad.

(T-29.VI.2:14)

Por lo tanto, aquellos que han sido perdonados deben dedicarse en primer lugar a curar, pues al haber aceptado la idea de curación, deben compartirla para así conservarla.

(T-5.IV.7:2)

Hay que dejar bien claro a qué se refiere el *Curso* cuando habla de curar:

Curar es el único tipo de pensamiento en este mundo que se asemeja al Pensamiento de Dios, y por razón de los elementos que ambos tienen en común, el Pensamiento de Dios puede transferirse fácilmente a él.

(T-7.II.1)

Curar es, por consiguiente, corregir la percepción de tu hermano y la tuya compartiendo con él el Espíritu Santo.

(T-7.II.2)

En síntesis, la curación es el cambio de pensamiento que toda mente experimenta al cambiar su percepción. La curación siempre está en la mente y busca la integración de los opuestos, nunca la separación. Una mente sana no puede sufrir, porque ve la unidad y no la separación. Por eso, cuando se aplica el perdón del Espíritu Santo en una relación interpersonal, lo primero que se sana es la percepción. Ya no vemos lo que creíamos que estaba allí. En su lugar, sabemos que todo es una proyección y que atraemos a nuestras vidas nuestros juicios y condenas.

Veamos unas frases maravillosas sobre el concepto de atacar y la oportunidad que el ataque ofrece para cambiar la percepción dual por la percepción de unidad:

> Tú no puedes *ser* atacado, el ataque *no tiene* justificación y tú *eres* responsable de lo que crees.
>
> (T-6.In.1:7)

> El mensaje de la crucifixión fue precisamente enseñar que no es necesario percibir ninguna forma de ataque en la persecución, pues no puedes *ser* perseguido.
>
> (T-6.I.4:6)

> Recuerda siempre que enseñas lo que crees. Cree lo mismo que yo, y llegaremos a ser maestros de igual calibre.
>
> (T-6.I.6:10-11)

> Recuerda que el Espíritu Santo es el vínculo de comunicación entre Dios el Padre y Sus Hijos separados. Si escuchases Su Voz sabrías que tú no puedes herir ni ser herido, y que son muchos los que necesitan tu bendición para poder oír esto por sí mismos.
>
> (T-6.I.19:1-2)

EL MUNDO INOCENTE

En nuestro camino de regreso a casa, debemos cambiar muchas cosas, sobre todo creencias, valores y percepciones.

Las creencias en la separación, en el cuerpo, en el tiempo, en la muerte, en la enfermedad, en los problemas y en el ataque nos mantienen atrapados en el mundo de la ilusión. En definitiva, todas son creencias alimentadas por el miedo.

Por eso, *Un curso de milagros* propone que, antes que nada, tomemos conciencia de que el mundo en el cual creemos vivir es inocente, pues es la creencia en la culpabilidad la que nos mantiene atrapados en la ilusión.

> Si no te sintieses culpable no podrías atacar, pues la condenación es la raíz del ataque. La condenación es el juicio que una mente hace contra otra de que es indigna de amor y merecedora de castigo. Y en esto radica la división, pues la mente que juzga se percibe a sí misma como separada de la mente a la que juzga, creyendo que al castigar a otra mente, puede ella librarse del castigo.
>
> (T-13.In.1:1-4)

> El mundo que ves es el sistema ilusorio de aquellos a quienes la culpabilidad ha enloquecido.
>
> (T-13.In.2:2)

Para ver el mundo inocente, debemos reinterpretar todo lo que percibe la mente dual mediante la percepción que nos ofrece el Espíritu Santo. Hay que evitar todo juicio. Para conseguirlo, es necesario entregar al Espíritu

Santo cada situación, pidiéndole que nos dé la visión correcta de las cosas. Una mente dual no entiende lo que estoy diciendo, pues ve todo separado y piensa que las cosas ocurren por accidente o por casualidad. Esto provoca mucho miedo que, a su vez, nos hace más egoístas.

El *Curso* enseña que no sabemos lo que es mejor para nosotros ni, por supuesto, para los demás. Nos dice que entreguemos todas nuestras necesidades al Espíritu Santo y que lo dejemos inspirarnos y guiarnos.

> Solo el Espíritu Santo sabe lo que necesitas. Pues Él te proveerá de todas las cosas que no obstaculizan el camino hacia la luz. ¿Qué otra cosa podrías necesitar? Mientras estés en el tiempo, Él te proveerá de todo cuanto necesites, y lo renovará siempre que tengas necesidad de ello. No te privará de nada mientras lo necesites.
>
> (T-13.VII.12:1-5)

Se requiere una gran voluntad para estar dispuesto a cuestionarse a uno mismo y todas las propias creencias, para no ver culpables y sí inocentes. Esto exige estar dispuesto a tomar conciencia de que este mundo no puede ser real, pues, si lo fuera, tendrían razón los que piensan que Dios no existe. Solo mediante las teorías de la mecánica cuántica podemos comprender las enseñanzas metafísicas. Así, estas enseñanzas ya no requieren de grandes técnicas y ejercicios. Entender la ley de la atracción, la ley del espejo, comprender que el Todo está formado por sus infinitas partes implica asumir que la casualidad no existe, que todo tiene una causa y un efecto, y que, la mayoría de las veces, el efecto que vivimos no tiene una causa real, sino una causa que solo está en nuestra mente, que la considera real.

Por eso, debemos poner nuestra mente en manos del Espíritu Santo, para que deshaga este error. En el mundo de la ilusión, creemos que podemos elegir entre varias opciones, pero lo cierto es que siempre elegimos entre ilusiones, y esto no nos libera. El *Curso* enseña que todas las ilusiones son una. Por ejemplo, una persona que sueña con que le toque la lotería no se da cuenta de que sigue en el sueño, en la pérdida y en la ganancia, en la dualidad. Lo que realmente debería pedir es despertar del sueño.

Este mundo complejo y supercomplicado no te ofrece
ninguna base sobre la que elegir. Pues nadie comprende lo
que es lo mismo, y todo el mundo parece estar eligiendo
entre alternativas que realmente no existen.

(T-26.III.6:1-2)

Todas las ilusiones son una. Y en el reconocimiento de este
hecho radica que puedas abandonar todo intento de elegir
entre ellas y de hacerlas diferentes.

(T-26.III.7:2-3)

Tú solo elijes entre ir al Cielo o no ir a ninguna parte. No hay
más alternativas que estas.

(T-26.V.1:11-12)

No olvidemos que queremos regresar a casa y que, para ello, hay que
tomar la dirección adecuada y no perderse en el camino, pues en él hay
muchas ilusiones que pueden hacernos perder el tiempo, aunque, en
verdad, el tiempo solo es un pequeño obstáculo que está en la mente
del soñador. Durante el viaje a Ítaca, Ulises se hace atar al palo mayor
para no sucumbir a los «cantos de sirena». Este es el viaje mitológico
que todos tenemos que hacer, y debemos evitar quedarnos encade-
nados a este mundo —«sirenas», en griego, quiere decir 'cadenas'—,
pues esto retrasaría nuestra vuelta a casa. La expresión «cantos de sirena» se aplica a las situaciones en que se necesita seducir a alguien
para que haga aquello que nos interesa, revistiendo las palabras con
grandiosidad y perspectivas de futuro, cuando, en realidad, son falsas,
o simples rumores.

No pienses que el camino que te conduce a las puertas
del Cielo es difícil. Nada que emprendas con un propósito
firme, con absoluta determinación y lleno de feliz confianza,
llevando a tu hermano de la mano y en armonía con el
himno del Cielo, es difícil de lograr. Lo que en verdad es difícil
es vagar, solo y afligido, por un camino que no conduce a
ninguna parte ni tiene ningún propósito.

(T-26.V.2:4-6)

¿Qué es lo que tenemos que hacer? Lo cierto es que hay que hacer muy poco, por no decir nada. Pero el ego necesita preguntar y siempre nos hará dudar. El cómo, el cuándo y el porqué son cruciales para el ego que, en cambio, evita la pregunta más importante: para qué. El porqué siempre nos lleva al otro. En cambio, el para qué nos conduce a nosotros mismos.

Cuando el *Curso* dice que tenemos el poder de elegir, se refiere a la única elección posible, que es bivalente: escogemos ver el mundo con los ojos del ego o con los ojos del Espíritu Santo. De esta única elección se deriva todo lo demás.

Ver con los ojos del Espíritu Santo es pedirle que nos enseñe a percibir sin juzgar, pues está escrito que, si queremos sanar la percepción, debemos dejar de hacer juicios. Sin ellos, percibir se vuelve imposible y entonces el mundo cobra otro sentido. El Espíritu Santo reinterpreta la percepción que se tiene al proyectar la mente en la pantalla del mundo.

De todo ello se deriva que es prioritario mantenerse alerta frente al caos que se observa. Este es un primer paso fundamental para empezar a deshacer la influencia del ego sobre nuestra mente. Llegará un momento en el que nos liberaremos de tener que elegir, pues todos nuestros pasos serán guiados por el Espíritu Santo.

No olvidemos que queremos volver a casa, y para ello necesitamos un guía. Si estuviéramos perdidos en la selva, ¿cuestionaríamos la dirección del guía? La confianza y seguridad que nos pudiera transmitir ese guía son infinitamente pequeñas en comparación con las que nos inspira el Espíritu Santo.

Pero debemos evitar escoger guías espirituales que nos alejen del mundo diciéndonos que es malo. Son guías del ego, porque ven bondad y maldad. El auténtico guía no nos alejará de nada ni de nadie, porque todo forma parte del Uno. Podremos alejarnos físicamente, pero nunca con la mente, en la que reside la curación. Podremos apartarnos de un maltratador, pero sin juicio, con la mente en paz, porque comprenderemos que nuestra liberación es la suya. El cuerpo se rige por leyes que no son las de Dios, mientras que la mente, si la sanamos, puede liberar al cuerpo del dolor físico y de la enfermedad. Para ello, hay que sanar la percepción. ¡Pongamos nuestra voluntad en manos del Espíritu Santo, pues Él es el único que sabe qué es mejor para nosotros y para los demás! Un *Curso* nos enseña que, si ponemos cualquier problema en manos del Espíritu, siempre lo resolverá. Para ello, es necesario que nadie pierda, entender que cada uno recibirá lo que le corresponda según sus actos, sus pensamientos y sus sentimientos.

El cuerpo, el «héroe del sueño»

Debemos dejar de identificarnos con el cuerpo. Para el ego, el cuerpo es la principal prueba de la separación. Sus enfermedades indican cuánta protección necesitamos; y nuestros ruegos a Dios para que nos cure reflejan la firme creencia de que la enfermedad viene de afuera. El dolor que nos produce nuestro cuerpo indica que Dios debe estar muy enfadado. Cuando perdemos a un ser querido, muchas veces gritamos contra Él, ya sea de forma plenamente consciente o inconsciente. No podemos comprender que Dios nos ame y no nos libere del sufrimiento.

Esto merece las siguientes reflexiones:

- *El dolor y la enfermedad son experiencias de separación. Si un padre «amoroso» nos quitase esta experiencia, nunca tomaríamos conciencia de que tiene una causa. Esta causa no es exterior a nosotros, sino que forma parte de nuestra manera de pensar y de sentir, en definitiva, de nuestros juicios. Si este padre «amoroso» nos privara de la experiencia, nos lo quitaría todo. Este excesivo paternalismo, tan característico de nuestras relaciones especiales, nos ahoga, nos «castra» e impide nuestra maduración emocional.*

- *Las creencias y los programas limitantes nos atan a una forma de percibir, de interpretar la realidad. Las creencias convergen en el cuerpo, como enseña el Curso en el capítulo 23, «La guerra contra ti mismo».*

- *Las enfermedades son el mejor argumento del ego para demostrar que Dios no es amor. El ego nos hace creer que nuestros problemas se resuelven encontrando «algo» fuera, que nadie sabe muy bien qué es.*

- *El ego usa algunas partes del cuerpo como elementos de comparación, para hacernos sentir mal o para atrapar a alguien y mantenerlo encadenado.*

- *El cuerpo es el templo del ego. Pero, a la vez, el ego se siente insatisfecho con él. Hace todo lo posible para que nos identifiquemos con él y luchemos por su supervivencia, aunque está seguro de que vamos a perder.*

- *Luchar por alargar la vida del cuerpo —como hace parte de la ciencia —, o incluso especular con la utopía de que nunca desaparezca, es intentar hacer el sueño real y mantenernos atrapados en el ego-cuerpo.*

El cuerpo es el hogar que el ego ha elegido para sí. Esta es la única identificación con la que se siente seguro, ya que la vulnerabilidad del cuerpo es su mejor argumento de que tú no puedes proceder de Dios.

(T-4.V.4:1-2)

Cualquier sistema de pensamiento que confunda a Dios con el cuerpo no puede por menos que ser demente.

(T-4.V.3:1)

No hay ni un solo instante en el que el cuerpo exista en absoluto. Es siempre algo que se recuerda o se prevé, pero nunca se puede tener una experiencia de él *ahora mismo.*

(T-18.VII.3:1-2)

El cuerpo es algo externo a ti, y solo da la impresión de rodearte, de aislarte de los demás y de mantenerte separado de ellos y a ellos de ti. Pero el cuerpo no existe. No hay ninguna barrera entre Dios y Su Hijo, y Su Hijo no puede estar separado de Sí Mismo, salvo en ilusiones.

(T-18.VI.9:1-3)

El ego hace todo lo posible para que pensemos que no somos soñadores del sueño y, para ello, utiliza el cuerpo como causa y nosotros, obviamente, recibimos los efectos. Esta es la trama que el ego urde para que no despertemos, para que no nos demos cuenta de que la historia va al revés. Para él es fundamental que nos consideremos víctimas del cuerpo, que nos creamos atrapados en esta especie de cárcel de carne y hueso. Hasta tal punto nos tiene pillados en «su verdad» que nos identificamos con el cuerpo y pensamos que este es nuestro yo.

Para el ego, el héroe del sueño es el cuerpo:

El cuerpo es el personaje central en el sueño del mundo. Sin él no hay sueño, ni él existe sin el sueño en el que actúa como si fuese una persona digna de ser vista y creída. Ocupa el lugar central de cada sueño en el que se narra la historia de cómo fue concebido por otros cuerpos, cómo vino al mundo externo al cuerpo, cómo vive por un corto tiempo hasta que muere, para luego convertirse en polvo junto con otros cuerpos que, al igual que él, también mueren. En el breve lapso de tiempo de vida que se le ha concedido busca otros cuerpos para que sean sus amigos o sus enemigos. Su seguridad es su mayor preocupación; su comodidad, la ley por la que se rige. Trata de buscar placer y de evitar todo lo que le pueda ocasionar dolor. Pero por encima de todo, trata de enseñarse a sí mismo que sus dolores y placeres son dos cosas diferentes, y que es posible distinguir entre ellos.

El sueño del mundo adopta innumerables formas porque el cuerpo intenta probar de muchas maneras que es autónomo y real. Se engalana a sí mismo con objetos que ha comprado con discos de metal o con tiras de papel moneda que el mundo considera reales y de gran valor. Trabaja para adquirirlos, haciendo cosas que no tienen sentido, y luego los despilfarra intercambiándolos por cosas que ni necesita ni quiere. Contrata a otros cuerpos para que lo protejan y para que coleccionen más cosas sin sentido que él pueda llamar suyas. Busca otros cuerpos especiales que puedan compartir su sueño. A veces sueña que es un conquistador de cuerpos más débiles que él. Pero en algunas fases del sueño, él es el esclavo de otros cuerpos que quieren hacerle sufrir y torturarlo.

(T-27.VIII.1,2)

El cuerpo y el mundo han sido fabricados por el Hijo de Dios en su creencia de que está separado de la Mente Original. Para poder percibir, es necesario un instrumento: el cuerpo. Además, necesita unos programas para que la mente que este cuerpo alberga piense y vea el mundo que considera real. Esta es la trama del sueño. Para salir de él, es importante no reforzar más todo lo que el sueño nos muestra, porque, si lo hacemos, haremos real la experiencia, y eso solo puede producir dolor y sufrimiento.

Las relaciones especiales se basan precisamente en esto: en buscar otros cuerpos, unirnos a ellos y pensar que hemos alcanzado la felicidad. En la cumbre de la separación, creemos que Dios nos bendice con ellas; por eso, las consagramos y llegamos a decir cosas tan absurdas como: «Hasta que la muerte nos separe».

Pero la muerte no es nada, no existe. Lo que llamamos muerte es un tránsito a otro estado de cosas. Además, la muerte física no puede separarnos, porque nunca hemos estado separados, aunque hayamos creído que lo estábamos.

Obviamente, al Espíritu Santo no le importan ni lo más mínimo las relaciones especiales. Solo las emplea para que despertemos y veamos que la persona que está a nuestro lado es el mejor maestro que la vida nos envía para que nos demos cuenta de quiénes somos. De alguna manera, el otro nos complementa y nos permite vernos a nosotros mismos en una imagen especular. Aquello que más nos molesta del otro es lo que condenamos en nosotros mismos; por eso, el otro nos permite tener una experiencia de integración, que es la mejor manera de sanarnos.

No podemos despertar por nosotros mismos; necesitamos al otro. Este otro forma parte de nosotros, pero, como vivimos en la dualidad, el Espíritu Santo nos enseña a través de los opuestos. La sabiduría radica precisamente en darse cuenta de ello; en vernos en los demás.

> Cuando tu cuerpo, tu ego y tus sueños hayan desaparecido, sabrás que eres eterno. Tal vez pienses que esto se logra con la muerte, pero con la muerte no se logra nada porque la muerte no es nada. [...] El cuerpo ni vive ni muere porque no puede contenerte a ti que eres vida.
>
> (T-6.V.A.1:1-2,4)

> Dios no creó el cuerpo porque el cuerpo es destructible, y, por consiguiente, no forma parte del Reino. El cuerpo es el símbolo de lo que crees ser. Es a todas luces un mecanismo de separación y, por lo tanto, no existe. El Espíritu Santo, como siempre, se vale de lo que tú has hecho y lo transforma en un recurso de aprendizaje.
>
> (T-6.V.A.2:1-4)

En el mundo de la ilusión, cuando empezamos a despertar, vemos un mundo inocente. Podemos preguntarnos entonces para qué podemos usar el cuerpo. En muchos párrafos el *Curso* nos ofrece la respuesta: solo debemos utilizar el cuerpo para la comunicación. Esta debe empezar con nosotros mismo y extenderse hacia los demás.

> El Espíritu Santo ve el cuerpo solamente como un medio de comunicación, y puesto que comunicar es compartir, comunicar se vuelve un acto de comunión.
>
> (T-6.V.A.5:5)

> El cuerpo no es más que un marco para desarrollar capacidades, lo cual no tiene nada que ver con el uso que se hace de ellas. *Dicho uso* procede de una decisión. Los efectos de la decisión del ego al respecto son tan evidentes que no hay necesidad de hablar más de ello, pero la decisión del Espíritu Santo de utilizar el cuerpo únicamente como un

medio de comunicación tiene una conexión tan directa con la
curación que sí requiere aclaración.

(T-7.V.1:1-3)

Solo las mentes pueden comunicarse.

(T-7.V.2)

Por eso, hay que aclarar algo muy importante para sentirnos seguros
e invulnerables:

El cuerpo, al servicio del ego, puede hacer daño a otros
cuerpos, pero eso no puede ocurrir a no ser que ya se le haya
confundido con la mente.

(T-7.V.3:5)

Los cuerpos se pueden hacer daño entre sí y destruirse. Esto está tan
claro como que no podemos morir. También está claro que nuestra
función en este mundo ilusorio, para verlo inocente, es entregar nuestro cuerpo al Espíritu Santo y dejar que Él lo utilice para lo que considere necesario. De esta manera somos invulnerables, porque hemos
entregado nuestro cuerpo y nuestras capacidades a Aquel que sabe a
ciencia cierta cómo utilizarlos.

Para ver un mundo inocente hay que renunciar a muchas cosas. Hablaré de algunas de ellas. Una muy importante es la creencia de que
hay alguien afuera que nos puede hacer daño. Otra es la creencia en el
ataque. Asimismo, tenemos que renunciar a la creencia de que existen
problemas irresolubles e identificar qué es realmente un problema.
Por último, hemos de abandonar la creencia en el tiempo y, mientras
aún creemos en él, aprender a utilizarlo. Pero, sobre todo, tenemos
que dejar de creer en la muerte.

La creencia en la muerte

Ya he dicho que la muerte no existe, solo existe la creencia en ella.
Me dirás que se mueren tus seres queridos, y mi respuesta será: a mí
también. Lo que muere es el cuerpo. Pero, según el *Curso*, el cuerpo

no existe ni por un instante. Todos tenemos la experiencia de tener un cuerpo; la confirman todos nuestros sentidos, que aseveran que el cuerpo es real.

Este razonamiento es verdad dentro de un paradigma: el newtoniano. Vivimos en una ilusión, y en ella hemos creado nuestro cuerpo y nuestro mundo. Lo que estoy diciendo, y que el *Curso* considera fundamental, es que *la vida crea el mundo,* y no al revés. Mientras escribo, recibo un mensaje de un colaborador que me transmite esta información: «Un científico afirma que la física cuántica demuestra que la muerte no es real».[*]

Voy a añadir algunas ideas que considero importantes con relación a esta argumentación:

- *Robert Lanza afirma que, según la teoría del biocentrismo, la muerte es una ilusión. La vida crea el universo, y no al revés. El espacio y el tiempo no existen en la forma lineal en la que pensamos en ellos. Si el espacio y el tiempo no son lineales, entonces la muerte no puede existir en el «sentido real».*

- *El biocentrismo muestra que la muerte, tal como la conocemos, es una ilusión creada por nuestra conciencia.*

- *Creemos en la muerte, porque se nos ha enseñado que morimos, y nuestra conciencia asocia la vida con el cuerpo biológico.*

- *En resumen, el espacio y el tiempo son meros instrumentos de nuestra mente, y esto implica la inmortalidad en un mundo sin fronteras de espacio y tiempo. Asimismo, los físicos teóricos creen con diferentes variaciones en la existencia simultánea de infinidad de universos.*

---

[*] LANZA, Robert, *Biocentrismo,*<http://www.alazul.com/noticias/320/cientifico-afirma-que-fisica-cuantica-demuestra-que-muerte-real>.

Lo realmente importante de esta noticia es que confirma lo que dice el *Curso*: que el cuerpo no es real, sino una ilusión de la conciencia, y por lo tanto la muerte tampoco lo es. Todo es un sueño, en el que el dolor, el sufrimiento, las enfermedades y la muerte se consideran reales.

> El cuerpo no puede proporcionarte ni paz ni desasosiego, ni alegría ni dolor. Es un medio, no un fin. De por sí no tiene ningún propósito, sino solo el que se le atribuye.
>
> (T-19.IV.B.10:4-5)

> Tú tienes otra consagración que puede mantener al cuerpo incorrupto y en perfectas condiciones mientras sea útil para tu santo propósito. El cuerpo es tan incapaz de morir como de sentir. No hace nada. De por sí, no es ni corruptible ni incorruptible. No es nada.
>
> (T-19.IV.C.5:1-5)

Existe la atracción de la muerte —la creencia en ella—, para fugarnos de lo que llamamos nuestros problemas. La muerte existe en el mundo de la ilusión; el miedo a ella es la atracción hacia ella. Para muchos, la muerte representa el fin de los sacrificios, sufrimientos y dolores. Decimos frases como «Descanse en paz». Pero el *Curso* deja muy claro que el descanso no se consigue con la muerte, sino con el despertar.

De hecho, la vida nos parece cruel y tiránica porque pensamos que el final es ineludible y que vivir para sufrir no tiene ningún sentido. «¿Para qué vivir, si al final hay que morir?». «Aprovechemos todo lo que la vida nos da, pues para lo que dura...».

Esta es la fuerza del ego: el miedo a la muerte y la creencia de que Dios no existe. Y si creemos en Dios, pensamos que está muy enfadado, que es tiránico y cruel. De aquí nace el miedo a Dios y también a la muerte, porque nos aterroriza el juicio divino.

El *Curso* nos enseña muy claramente que el Juicio Final es el final del juicio. Dios no tiene la capacidad de hacer juicios, porque, si la tuviera, la división y la separación serían reales y la unidad sería ilusión. Para despertar, hay que dejar de juzgar. Entonces dejamos de percibir y vemos que el mundo que nos parecía real es un mundo de ilusión, porque, al cambiar nosotros, cambia nuestro mundo. Vemos un mundo inocente, vemos nuestra inocencia. Entendemos que cada situación tiene su razón de ser y que no debemos hacerla real juzgándola.

> Hacerle frente al temor a Dios requiere cierta preparación.
> Solo los cuerdos pueden mirar de frente a la absoluta
> demencia y a la locura delirante con piedad y compasión,
> pero sin miedo.
>
> (T-19.IV-D.11:1-2)

Si nosotros hemos creado el mundo y el cuerpo, solo nosotros podemos decidir cuándo deben desaparecer. Hemos creado estas limitaciones o programas, y solo nosotros podemos cambiarlos. El problema es que nos hemos olvidado de ello. Pero olvidar no equivale a perder; podemos recordar, y esta es una de las principales funciones del *Curso*, que lo expresa de forma contundente:

> Es tan esencial que reconozcas que tú has fabricado el
> mundo que ves, como que reconozcas que tú no te creaste
> a ti mismo. Pues *se trata del mismo error.* Nada que tu
> Creador no haya creado puede ejercer influencia alguna
> sobre ti. Y si crees que lo que hiciste puede dictarte lo que
> debes ver y sentir, y tienes fe en que puede hacerlo, estás
> negando a tu Creador y creyendo que tú te hiciste a ti mismo.
> Pues si crees que el mundo que construiste tiene el poder
> de hacer de ti lo que se le antoje, estás confundiendo
> Padre e Hijo, Fuente y efecto.
>
> (T-21.II.11:1-5)

> Mas la verdad es que tanto tú como él fuisteis creados por un
> Padre amoroso, que os creó juntos y como uno solo. Ve lo que
> «prueba» lo contrario, y estarás negando toda tu realidad.
>
> (T-21.II.13:1-2)

El ataque

En el mundo inocente, el ataque no tiene sentido, porque no se perciben enemigos. Tomamos conciencia de que el ataque, si se produce, solo puede recaer sobre uno mismo.

Cuando empezamos a percibir el mundo con inocencia, se produce una liberación del miedo, que es la emoción fundamental del mundo de la ilusión. Nos damos cuenta de que la separación no es tan real como pensábamos y que nuestros cambios perceptuales cambian nuestro entorno y nuestras relaciones. Comprendemos que todo ataque, venga de donde venga, tiene que ver con nosotros; ya no lo clasificamos como justo ni injusto. Entendemos que lo que nos molesta del otro solo es una proyección de nuestra sombra inconsciente. Recuerdo el caso de una clienta que sentía un profundo odio por su hermana. Tenía un cáncer terminal de pulmón, del cual se curó. Tomó conciencia de que su mal se debía a que también odiaba a su madre, a la que se obligaba a cuidar. Comprendió que el sentimiento y la emoción que sentía por su hermana eran la sombra que proyectaba sobre ella, porque la hermana se permitía hacer lo que mi cliente no hacía: dejar de cuidar a su madre. No voy a entrar en los detalles, porque no es el lugar para ello; solo diré que el odio o el rechazo que ambas sentían por su madre se debía a programas del inconsciente familiar, patentes en el árbol genealógico.

> La proyección da lugar a la percepción, y no puedes ver
> más allá de ella. Has atacado a tu hermano una y otra vez
> porque viste en él una sombría figura de tu mundo privado.
> Y así, no puedes sino atacarte a ti mismo primero, pues lo que
> atacas no está en los demás. La única realidad de lo que atacas
> se encuentra en tu propia mente, y al atacar a otros estás
> literalmente atacando algo que no está ahí.
>
> (T-13.V.3:5-8)

Veamos un magnífico razonamiento sobre el ataque que nos ofrece el *Curso*:

> Solo los que son diferentes pueden atacar. Y de ahí deduces
> que *porque* puedes atacar, debes ser diferente de tu

hermano. Sin embargo, el Espíritu Santo explica esto de otra manera. No puedes atacar *precisamente* porque no eres diferente de tu hermano. Cualquiera de esas dos posturas es una conclusión lógica. Cualquiera de ellas puede ser aceptada, pero no ambas. La única pregunta que necesita contestarse a fin de decidir cuál de las dos es verdad, es si en realidad tú eres diferente de tu hermano. Desde el punto de vista de lo que entiendes parece que lo eres, y, por lo tanto, que puedes atacar. De ambas alternativas, esta parece la más natural y la más afín a tu experiencia. Por eso es necesario que tengas otras experiencias, más afines a la verdad, para enseñarte lo que en realidad *es* natural y verdadero.

(T-22.VI.13:1-10)

La enfermedad

En el mundo inocente, la enfermedad ya no se ve igual. Se le da otro sentido: comprendemos que nos muestra nuestro estado mental, nuestros resentimientos, la proyección de la culpabilidad, los juicios y las condenas.

Hasta ahora hemos utilizado la enfermedad para culpabilizar a nuestros hermanos. Es evidente que lo hacemos de forma inconsciente, pero ¡cuántas veces hemos dicho!: «¡Me pones enfermo!».

Cuando tomamos conciencia, dejamos de reforzar la creencia en la enfermedad como algo externo. No tratamos de convencer de ello a los demás, pero ya no nos unimos a su sueño de dolor y de sufrimiento, porque sabemos que todos estamos unidos. Vemos en esas personas capacidades que ni ellas mismas ven. Esto es auténtica caridad: ver a nuestro hermano mejor de lo que él se ve a sí mismo.

No te pongas de parte de la enfermedad en presencia de un Hijo de Dios aunque él crea en ella, pues tu aceptación de que Dios reside en él da testimonio del Amor de Dios que él ha olvidado.

(T-10.III.3:4)

La enfermedad siempre es la manifestación de [...]
contra uno mismo. Lo podemos dirigir direct[...]
o contra el otro. Pero el ataque siempre es pr[...]
desvalorización de uno mismo, que muchas v[...]
demás. Este era el caso de una persona con c[...]
creencias, se negaba a recibir el tratamiento r[...]
día, le exigía, que hiciera el tratamiento. Obvia[...]
tenían miedo, pero se trataba de un ataque a[...]
mismo tiempo, esa persona proyectaba su mi[...]
de otro modo no habría conflicto, porque nu[...]
está en coherencia.

Veamos otro ejemplo, un caso real de mi consulta. Una chica joven se quedó embarazada de su novio. Las familias no querían que se casaran, deseaban que abortase. Ella accedió contra su voluntad ante la presión familiar. Más tarde se casó con su novio. Tras tener relaciones sexuales la primera noche, el marido le recriminó que no fuera virgen (sin comentarios). Este es un ejemplo perfecto de ataque y, por supuesto, de enfermedad. Esta chica tenía los ojos amarillos, lo que implica problemas de hígado y vesícula biliar, e indica cólera reprimida contra la familia.

En el mundo de la inocencia nos alejamos del victimismo y nos responsabilizamos de las situaciones. Esto nos libera, nos quita presión y nos permite agradecer lo que el otro nos muestra.

Es evidente que cuando se habla de la enfermedad, también hay que referirse a la curación. Pero hay dos maneras de hacerlo: desde el punto de vista del ego o del Espíritu. Para el ego, la enfermedad es una especie de capacidad de la materia. Para el Espíritu, se trata de la manifestación de un problema que se encuentra en la mente. Por eso, el *Curso* nos enseña que, en el Cielo, la Creación es similar a lo que en la Tierra es la curación. Y también que la curación es una capacidad que cada uno debe desarrollar.

Cuando hablo de curación no me refiero al arte de curar, aplicado por personas dedicadas a sanar cuerpos tratándolos con medios externos, cualesquiera que sean. El *Curso* no nos dice que evitemos medios externos para sanar, pero sí que la curación se encuentra en la mente. Por eso, una persona que se ha curado se puede dedicar a curar, con la inspiración del Espíritu Santo. Es muy importante no tener dudas, al menos durante un instante, para que el Espíritu pueda actuar a través de uno.

> Curar es una manera de olvidar la sensación de peligro que el ego ha sembrado en ti.
>
> (T-7.IV.7:7)

El Espíritu Santo nos ofrece otra manera de ver la enfermedad, otra manera de pensar, y por lo tanto de sentir. Nos enseña a mantenernos serenos frente a cualquier peligro o problema. Nos enseña que la mejor manera de que las cosas cambien es verlas de otra manera, tomar conciencia de que todo lo que nos ocurre tiene que ver con nosotros, en lugar de pensar como el ego que se trata de un accidente o de una casualidad.

Por eso el *Curso* dice: «Tú no puedes comprenderte a ti mismo separado de los demás» (T-5.III.8).

La curación siempre tiene que ver con el perdón. Es imposible perdonar con el Espíritu y no curarse. Es más, para curarse hay que perdonar. Este perdón lleva implícito no ver error en los demás, y saber que el error ha sido condenado previamente en nosotros. Cuando somos conscientes, utilizamos el perdón de la única manera que hay que utilizarlo: hacia nosotros mismos. Así se entiende esta frase del *Curso*: «Por lo tanto, aquellos que han sido perdonados deben dedicarse en primer lugar a curar, pues al haber aceptado la idea de la curación, deben compartirla para así conservarla» (T-5.IV.7:2).

Para curarnos, debemos superar las creencias en la culpabilidad, en el victimismo, en el ataque, en la enfermedad como desorden de la materia. Sobre todo, debemos superar una creencia fundamental del ego: la de que el autocastigo mitiga el castigo divino.

Para curarse es imprescindible tener conciencia de que Dios no castiga ni juzga. No hay mandamientos que seguir, porque los manda-

mientos ya están implantados en nuestra conciencia como un conocimiento del Ser.

Decir «No matarás» es inapropiado, pues hay muchas maneras de matar sin quitarle la vida a nadie: la calumnia, la ira, la cólera. En definitiva, la creencia de que el ataque es posible. De hecho, el *Curso* nos
enseña que la más leve ira oculta el deseo de asesinar al hermano. Y
nos recuerda que este impulso se puede manifestar de muchas y muy
sutiles maneras.

> Cuando la tentación de atacar se presente para nublar tu
> mente y volverla asesina, recuerda que *puedes* ver la batalla
> desde más arriba. Incluso cuando se presenta en formas que
> no reconoces, conoces las señales: una punzada de dolor, un
> ápice de culpabilidad, pero, sobre todo, la pérdida de la paz.
> Conoces esto muy bien. Cuando se presente, no abandones
> tu lugar en lo alto, sino elige inmediatamente un milagro en
> vez del asesinato.
>
> (T-23.IV.6:1-5)

La causa del ataque es la creencia en la separación. Esto se refleja muy
bien en el siguiente párrafo:

> No eres *tú* el que es tan vulnerable y susceptible de ser
> atacado que basta una palabra, un leve susurro que no te
> plazca, una circunstancia adversa o un evento que no hayas
> previsto para trastornar todo tu mundo y precipitarlo
> al caos.
>
> (T-24.III.3:1)

Y ya que hablamos del mundo inocente, pensemos en la siguiente frase:

> Y si eliges ver un mundo donde no tienes enemigos y
> donde no eres impotente, se te proveerán los medios para
> que lo veas.
>
> (T-21.VII.9:4)

Esta frase lleva implícita una larga serie de reflexiones:

- *Inspira una visión cuántica: así como percibimos, así estamos creando nuestra realidad.*

- *Por eso, cuando el Curso afirma que se nos proveerán los medios, quiere decir que cambiarán las circunstancias y las personas que nos rodean.*

- *Al revocar la decisión de juzgar, creamos otra realidad.*

- *No solo no juzgamos, sino que nos liberamos de la necesidad de perdonar.*

- *Sabemos que no somos impotentes, porque tenemos la certeza de recibir tal como damos. Si juzgamos, recibiremos castigo por la culpa que proyectamos. Si bendecimos, seremos bendecidos.*

- *Sobre todo, para tener, primero hay que dar, y no dar para obtener.*

Un curso de milagros nos enseña las leyes de la curación como recurso para deshacer la enfermedad. Veamos algunas citas a modo de recordatorio, que también he incluido en el libro *Curación a través de Un curso de milagros*:

> Toda enfermedad tiene su origen en la separación. Cuando se niega la separación, la enfermedad desaparece. [...] La culpabilidad clama por castigo, y se le concede su petición. [...] La verdad no se puede percibir, sino solo conocerse. [...] Lo que se proyecta y parece ser externo a la mente, no se encuentra afuera en absoluto, sino que es un efecto de lo que está adentro y no ha abandonado su fuente. [...] El pecado no es ni siquiera un error, pues va más allá de lo se puede corregir al ámbito de lo imposible. Pero la creencia de que es real ha hecho que algunos errores parezcan estar por siempre más allá de toda esperanza de curación y ser la eterna

justificación del infierno. [...] El pecado es la creencia de que el ataque se puede proyectar fuera de la mente en la que se originó la creencia. Aquí la firme convicción de que las ideas pueden abandonar su fuente se vuelve real y significativa. Y de este error surge el mundo del pecado y del sacrificio. [...] Causa y efecto no son dos cosas separadas, sino una sola. [...] Curar un efecto y no su causa tan solo puede hacer que el efecto cambie de forma. Y esto no es liberación. [...] La crucifixión se abandona en la redención porque donde no hay dolor ni sufrimiento no hay necesidad de curación. El perdón es la respuesta a cualquier clase de ataque.

(T-26.VII.2:1-2;3:1,6;4:9;7:1-2;12:2-4;13:1;14:2-3;17:1-2)

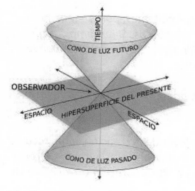

http://es.wikipedia.org/wiki/Presente_(tiempo).

El tiempo. El instante santo

Cuando vemos el mundo inocente, la culpabilidad se deshace y el tiempo ya no se percibe de la misma manera. El tiempo es la expresión lineal del dolor que hemos vivido en el pasado. Sin culpa, no hay necesidad de tiempo, porque, como el *Curso* enseña, la culpabilidad es la esencia de la proyección del tiempo en pasado, presente y futuro.

La culpabilidad siempre clama castigo, y este solo se puede presentar en el futuro. Así, no vivimos el presente o, en todo caso, lo vivimos con miedo por lo que nos pueda llegar. El ego siempre quiere convertir el presente en un infierno.

El observador vive en el instante presente, en el aquí y en el ahora, y para ello utiliza uno de los recursos más extraordinarios que nos ofrece el Curso: el instante santo. Este supone desprenderse del pasado y del futuro y, en ese momento sin juicio, liberar la mente para que pueda recibir la inspiración necesaria para actuar.

El observador se deshace de la atracción del tiempo, porque no utiliza la culpa bajo ningún concepto.

Cuando empezamos a deshacernos de la culpa, el ego pierde fuerza. Abandonar la culpabilidad con respecto a uno mismo y a los demás es empezar a vivir en el presente.

Para liberarnos de la culpabilidad, empecemos por dejar de buscar su fuente, de buscar la causa del dolor donde no está, es decir, fuera de nosotros mismos. Todo dolor y toda enfermedad se originan en la mente errónea, la mente que proyecta la culpabilidad en los demás.

> Es inevitable que quienes experimentan culpabilidad traten de desplazarla, pues creen en ella. Sin embargo, aunque sufren, no buscan la causa de su sufrimiento dentro de sí mismos para así poder abandonarla.
>
> (T-13.X.3:4)

El Espíritu Santo utiliza el tiempo de una manera muy diferente de como lo hace el ego. Para Él es una oportunidad de abandonar el pasado y también de dejar de verlo como una destrucción.

Por eso, es tan importante ser conscientes de que en cada instante de tiempo que vivimos tenemos la oportunidad de elegir, de cambiar causas y efectos, si comprendemos que nosotros somos la causa y no el efecto.

Ante una situación dolorosa que nos genera desasosiego tenemos la oportunidad de elegir nuestro guía. La decisión de ese instante determinará el instante siguiente, y así sucesivamente. Se trata de una magnífica oportunidad de controlar nuestro destino que, en última instancia, siempre depende de nosotros mismos. Aquí reside el auténtico libre albedrío, porque aquí se deshacen los programas de nuestro inconsciente.

Por eso, el *Curso* nos muestra el instante santo y nos dice que podemos ofrecer cada momento de nuestra vida al Espíritu Santo para que nos guíe. Todos los instantes son adecuados para pedirlo. Es más, cuanto más lo apliquemos, más rápidamente se convertirá en un hábito, y llegará un momento en el que ya lo haremos sin pensar.

Cuando pedimos un instante santo, es imprescindible hacerlo con total incondicionalidad: no podemos pedir lo que deseamos, sino lo que sea mejor en cada situación. Nos sentimos dignos de pedirlo porque somos hijos de Dios.

No tenemos que prepararnos para recibirlo, porque es un derecho y no un favor que recibimos. Pedir un instante santo supone ser conscientes de que ignoramos qué es mejor para nosotros. Ya no necesitamos hacer juicios, y renunciamos a que las cosas sean como nos gustaría.

> El instante santo es aquel en el que la mente está lo
> suficientemente serena como para poder escuchar una
> respuesta que no está implícita en la pregunta y que ofrece
> algo nuevo y distinto.
>
> (T-27.IV.6:9-10)

El instante santo es una oportunidad de poner todos los problemas en manos del Espíritu Santo, de dejar de buscar soluciones con el ego, pues este siempre toma las mismas decisiones y, por lo tanto, los problemas se repiten.

> No trates, por lo tanto, de solventar problemas en un mundo
> del que se ha excluido la solución. Lleva más bien el problema
> al único lugar en el que se halla la respuesta y en el que se
> te ofrece amorosamente. En él se encuentran las respuestas
> que solventarán tus problemas, pues no forman parte de ellos
> y toman en cuenta lo que puede ser contestado: lo que la
> pregunta realmente *es*. Las respuestas que el mundo ofrece
> no hacen sino suscitar otra pregunta, si bien dejan la primera
> sin contestar. En el instante santo puedes llevar la pregunta
> a la respuesta y recibir la respuesta que fue formulada
> expresamente para ti.
>
> (T-27.IV.7:1-5)

La importancia del instante santo reside en que, para sanar, solo se necesita un instante. Un instante es suficiente, un instante de liberación del miedo y de la culpabilidad, o, lo que es lo mismo, de liberación de todo juicio.

Este es el verdadero sentido de utilizar el tiempo, de vivir en el aquí y el ahora, de entregárselo al Espíritu Santo, que es la elección que el *Curso* nos sugiere.

El ego nos mantiene tan atrapados en el pasado que lo proyectamos hacia el futuro. De esta manera, consigue su principal propósito, que es no vivir el presente. Nuestro presente aparece como un infierno, puesto que en él nos preocupamos, recordamos viejas ofensas, viejos dolores, heridas, experiencias desagradables, para evitar que se repitan en el futuro. Pero lo único que conseguimos es precisamente lo que queremos evitar: el futuro repite viejas historias.

El instante santo a la mexicana sería el «ahorita», un tiempo sin tiempo, porque uno no sabe nunca cuándo le van a traer aquello que ha pedido. En el «ahorita», el tiempo se detiene y todo se convierte en una risa continua, en una apuesta acerca de cuándo llegará el feliz instante.

LAS RELACIONES SANTAS

En nuestro camino hacia el mundo real, empezamos a ser conscientes de que las relaciones son el mejor argumento para despertar. Nos damos cuenta de que no tenemos que ir a lugares remotos para encontrar a ese maestro especial que nos guiará para liberarnos de las ataduras del mundo.

Comprendemos que las relaciones tienen su razón de ser y empezamos a invertir la percepción y el pensamiento. Ya no hablamos del otro con relación a nosotros, sino de nosotros con relación al otro; de quiénes deseamos ser en la experiencia compartida con nuestro hermano. Ahora ya sabemos que nadie nos daña, solo nosotros nos hacemos daño a través de nuestro hermano. Para relacionarnos, escogemos las personas con las que nos complementamos y, así, podemos vernos reflejados en ellas. En el mundo dual, no podemos vernos sin el otro, lo necesitamos para conocernos. Por eso, son tan importantes las relaciones interpersonales: nos permiten sanar la relación con nosotros mismos.

Ahora sabemos que, si sentimos que no nos respetan, es porque no nos respetamos a nosotros mismos. Nuestro hermano se ha convertido en el espejo en el cual podemos vernos. Él nos muestra aquellas partes de nuestro inconsciente que proyectamos en él pensando que no son nuestras.

Atraemos sobre nosotros en forma de relaciones los contenidos que proyectamos afuera. Como nuestras historias se repiten una y otra vez, pensamos que tenemos un mal karma, o que debemos llevar una cruz. Es importante saber que atraemos esas relaciones a causa de unos programas tóxicos que podemos deshacer al tomar plena conciencia de ellos y aplicarles el perdón.

Cuando nos damos cuenta de todo este proceso, al principio cuesta digerirlo, porque no sabemos cómo proyectar la culpabilidad que sentimos cuando nuestras relaciones no son satisfactorias. Estamos tan acostumbrados a desplazar la culpa que, si no lo hacemos, no sabemos qué hacer.

En las relaciones especiales, lo más importante es que las necesidades del otro no vengan a enturbiar o estropear el sueño. Además, buscamos lo que más le agrada al otro para dárselo y que no nos abandone. Siempre está presente el miedo, y el abandono es la gran catástrofe potencial. Abandonar y ser abandonado es el dilema de toda relación especial, y también cuando decidimos si empezar o no una relación.

En la relación santa, todas las fantasías se desvanecen y puede verse el propósito para el cual nació. Toda relación santa es una oportunidad de renunciar a creer que, si la cosa no funciona, o creemos que no funciona, la gran moneda de cambio es la culpabilidad.

> He dicho repetidamente que el Espíritu Santo no quiere
> privarte de tus relaciones especiales, sino transformarlas.
> Y lo único que esto significa es que Él reinstaurará en ellas
> la función que Dios les asignó. La función que tú les has
> asignado es claramente que no sean fuentes de felicidad.
>
> (T-17.IV.2:3-5)

La relación especial, que es una creación del ego, surgió para que perdiéramos la paz. Primero buscándola; luego manteniéndola; en tercer lugar, teniendo miedo de perderla; la cuestión es que nunca estemos tranquilos y sosegados con ella, sino siempre preocupados. En la relación especial, es muy importante dar para obtener. Vivimos en un marco de ilusiones y fantasías que muchas veces incluyen el sacrificio y el sufrimiento.

El instante santo es el recurso adecuado para gestionar todas las relaciones especiales y encaminarlas hacia la relación santa. Nos permite entender para qué es la relación santa, cuál es el propósito. Al sanar nuestras relaciones y convertirlas en santas, el instante santo cura la percepción hasta el punto de llevarnos al mundo real.

Al principio, cuando se entrega la relación no santa al Espíritu Santo, parece que todo se derrumba. La tensión aumenta, y muchas veces el vínculo se rompe en este punto. Los comienzos son difíciles, porque el objetivo de la relación ha cambiado y hay que adaptarse a la nueva manera de vivirla. El cambio de objetivo no puede ser gradual. Tiene que ser rápido, porque si no, el ego la reinterpretaría de inmediato.

Veamos el ejemplo de una pareja en la que ella tomó la decisión de sanar una relación adictiva. Sin embargo, seguía manteniendo la relación y se sentía cada día peor, hasta el punto de empezar a perder la claridad que había alcanzado. Hasta que se dio cuenta de que, para sanar la relación, tenía que aislarse de él. Así, pudo alcanzar la paz en su mente que permitió que aflorase la solución perfecta para ambos. Es necesaria la quietud mental para poder oír la voz del Espíritu Santo.

Sanar una relación no implica que esta vaya a seguir existiendo como antes. En muchos casos, en una relación santa las dos personas no siguen juntas, porque su propósito ha terminado y ambas pueden continuar sus caminos en paz. Intentar mantener a toda costa una relación sanada lleva a convertirla en especial y no permite ver que es posible empezar otra con nuevos objetivos.

Recuerdo una clienta que tenía una relación de dependencia emocional extrema. Vivía la relación con culpa, siempre en la posición de víctima. En la consulta, comprendió que su pareja era el espejo perfecto para que ella pudiera ver todos los aspectos que debía sanar. Sintió una tremenda paz y tranquilidad, y entonces le hice una pregunta retórica: «¿Te ves envejeciendo con esa persona?». Como habíamos quedado, ella no respondió, se levantó, me abrazó y se despidió dándome las gracias. Pasados varios años, mi mujer se encontró en la calle con una señora que la detuvo y le preguntó: «¿Se acuerda de mí? Supongo que no. Hace varios años fui a la consulta de su marido y me hizo una pregunta que cambió mi vida. Cada día me levanto dando gracias a Dios por la pregunta que Enric me formuló. Salí de la consulta, fui al abogado y me divorcié. Al poco tiempo, conocí a un hombre maravilloso que me hace sentir tremendamente feliz. Dele mil gracias a Enric».

Si la relación de esta señora no hubiera sanado, ella habría repetido la experiencia y el objetivo en la siguiente. Pero no fue el caso. El respeto que ella aprendió se reflejó en el respeto encontrado en la nueva relación.

Pero esto no siempre es así. En muchos casos, la relación puede ser con la misma persona, pero con un nuevo objetivo por delante. Ya no hay una relación de dependencia, sino de apoyo y respeto mutuos.

Expondré otro caso clínico porque creo que es muy importante dejar claro este concepto. Se trata de una señora que superó un grave problema del corazón. Tenía que sanar la relación con su madre y lo consiguió haciendo una cuarentena. Dejaron de afectarla sus continuos lamentos. Fue capaz de decirle que, si seguía por ese camino, no iba a escucharla más. En una de las visitas posteriores me comentó que ya no soportaba a su marido, y me dijo: «Mira, antes pensaba que tenía suerte porque me cuidaba constantemente y me sentía muy protegida». Pero, ahora, mi clienta ya no jugaba más el papel de víctima: se respetaba; y entonces su mundo cambió. Su pareja se deprimía y se quejaba de que ya no podía cuidarla. Como mi clienta sanó, tanto ella como su marido vieron claramente que él era igual que la madre de ella, pero con otra polaridad. Era un cuidador porque sentía un gran vacío de cariño —había sido abandonado cuando era muy pequeño—, y cuidaba de una manera obsesiva para sentirse valorado, útil y reconocido. Pero lo importante es que mi clienta se dio cuenta de ello y se tomó un tiempo de aislamiento, lo que también le permitió a su pareja aislarse. Cada uno pudo reencontrar el camino a seguir en su vida, pero sin ninguna dependencia emocional. La relación, hasta entonces especial, se convirtió en santa.

El *Curso* nos previene:

> Ahora el ego te aconseja: «Substituye esta relación por otra en la que puedas volver a perseguir tu viejo objetivo. La única manera de librarte de la angustia es deshaciéndote de tu hermano. No tienes que separarte de él del todo si no quieres hacerlo. Pero tienes que excluir de él gran parte de tus fantasías para poder conservar tu cordura».
>
> (T-17.V.7:1-4)

El Espíritu Santo nos aconseja seguir teniendo fe en nuestro hermano y dejarnos guiar hacia esta nueva relación.

> No te faltarán oportunidades de culpar a tu hermano por el «fracaso» de vuestra relación, pues habrá momentos en que esta parecerá no tener ningún propósito. Una sensación de estar vagando a la deriva vendrá a atormentarte y a recordarte las múltiples maneras en que antes solías buscar satisfacción y en las que creíste haberla encontrado. No te olvides del dolor que en realidad encontraste, ni le infundas vida a tu desfallecido ego. Pues tu relación no ha sido destruida. Ha sido salvada.
>
> (T-17.V.8:2-6)

El Espíritu Santo también nos previene cuando dice: «La experiencia de un instante, por muy convincente que sea, se olvida fácilmente si permites que el tiempo la sepulte» (T-17.V.12:1).

Para que el instante santo tenga efecto, es muy importante renunciar al ataque, bendecir al hermano por todo lo que nos ha reflejado y, si él sigue con el comportamiento de siempre, alejarnos y seguir nuestro camino. Bendigámoslo por la oportunidad que nos ha dado y que hemos aprovechado, y bendigámoslo por la oportunidad que le damos, que él tomará cuando lo crea o lo sienta necesario.

Por eso el *Curso* nos dice:

> *Os une* un propósito común, pero todavía permanecéis
> separados y divididos con respecto a los medios. El objetivo, no
> obstante, ya está establecido y es fijo, firme e inalterable, y los
> medios se amoldarán a él debido a la inevitabilidad del objetivo.
> Y compartiréis el júbilo de la Filiación de que ello sea así.
>
> (T-17.V.14:7-9)

Podemos seguir con otra relación, pero esta ya no será una venganza contra el pasado, que es el objetivo fundamental de la relación especial. La nueva relación con otro hermano es la solución santa de la anterior relación sanada que se refleja en esta. Al final, mantener relaciones con diferentes hermanos no tiene sentido, porque no hay separación, sino unidad. No nos relacionamos con el otro, solo con nosotros mismos a través del otro. Esta es la gran verdad.

Por lo tanto, no se trata de mantener la antigua relación a toda costa. Se trata de sanar la relación especial de separación, de miedo a la soledad, de dar para obtener y de comprender que toda relación, sea del tipo que sea, es una magnífica oportunidad de autosanación y de sanar el mundo de la ilusión para pasar al mundo inocente. Así, nos preparamos para entrar en la mente recta que nos permitirá percibir el mundo real.

> En cualquier situación en que no sepas qué hacer, lo primero
> que tienes que considerar es sencillamente esto: «¿Qué es
> lo que quiero que resulte de esta situación? ¿Qué *propósito*
> tiene?». El objetivo debe definirse al principio, pues eso es lo
> que determinará el resultado. El ego procede a la inversa. La
> situación se convierte en lo que determina el resultado, que
> puede ser cualquier cosa.
>
> (T-17.VI.2:1-5)

La relación santa se convierte en una relación con el Todo. Porque, cuando nos relacionamos con cualquier hermano, ya no lo hacemos con la individualidad. Todos estamos unidos en nuestras mentes y, si sanamos una relación, cambiamos la información y permitimos que las demás relaciones sanen.

La relación especial se convertirá en el medio de erradicar la culpabilidad en todos los que son bendecidos a través de la relación santa.

Todo es un sueño, y nuestros sueños son de dolor, sufrimiento, separación y muerte. Como consecuencia de ello, nuestras relaciones son especiales, en la creencia de que encontrar a alguien especial nos hará felices. Cuando nuestra relación se convierte en santa, el Espíritu Santo transforma nuestros sueños de sufrimiento en sueños felices, porque no esperamos nada especial de aquel que está a nuestro lado. Ya no nos preocupamos de lo que podamos obtener, sino de lo que podemos aportar. De esta manera, se nos ofrece la oportunidad de ver el mundo real, el mundo de los sueños felices.

Quiero terminar esta parte con un chiste a la mexicana —el lector tendrá que ponerle el acento local— que me contó mi amigo mexicano Hugo:

> Érase un hombre que había ido de juerga con sus amigos y conducía borracho de camino a casa. Al llegar, no frenó bien, empotró el carro dentro de la cocina e hizo un estropicio que ni te cuento. Subió por las escaleras tambaleándose y le pisó la cola al gato, que dio un brinco y rompió el jarrón chino. El hombre se asustó y se cayó. Al caerse, rompió la baranda de las escaleras y vomitó sobre la alfombra árabe que su esposa había comprado hacía poco... Al día siguiente, se encontró una nota de su esposa al lado de la cama que decía: «Cariño, ayer llegaste muy mal, pero quédate tranquilo, pues te he preparado el desayuno que más te gusta. Descansa, amor mío». El «pendejo» no entendía nada de nada y le preguntó a su hijo: «¿Hijo, qué pasó ayer para que tu madre esté tan amable?». El hijo se lo contó todo con detalle y continuó: «Cuando mamá te estaba quitando los pantalones para ponerte en la cama, tú la apartaste con un empujón diciendo: "¡Aparta, puta, que estoy casado!"».

Para poder alcanzar la relación santa, no debemos buscar una relación que creamos que nos hará felices, porque eso significa creer que podemos encontrar la felicidad en la separación, lo cual solo nos llevará a la relación especial.

El *Curso* nos dice que tenemos que atravesar el puente que nos llevará del mundo de la ilusión, de cuerpos separados, al mundo real, donde experimentaremos la unión con todos y con todo. En este periodo de transición, nos parecerá enloquecer; pero, en realidad, estaremos recuperando la cordura. Todo nuestro mundo se desvanecerá, habrá confusión, no entenderemos nada, nos sentiremos desorientados, se presentarán nubes de culpabilidad. Pero debemos seguir adelante, sin miedo, sin prisa, porque ya no desearemos nunca más las relaciones especiales.

No tengamos miedo, entreguemos nuestra mente al Espíritu Santo. Apliquemos el perdón a las relaciones pasadas, porque ellas han sido nuestro reflejo y, en realidad, no hay nada que perdonar. Pero también debemos saber que hay un periodo de transición que se ajusta a nuestro proceso personal de deshacer el error. Liberémonos de los dolores emocionales del pasado, dejemos que las emociones nos embarguen y que se vayan sublimando gracias a la acción de no juzgar.

A medida que atravesemos este puente, tendremos una sensación de alivio y paz interior. Ya no hay vuelta atrás, hemos dado el paso definitivo y el Espíritu de Dios nos acompañará en los sucesivos que vayamos dando. Aplicaremos el instante santo para acelerar esta transición. Llegaremos al final del puente y entenderemos dónde se encuentra el Cielo: en nuestra mente. Ahora, ya estamos preparados para el paso final, pero este lo da Dios: Él desprende la última venda de los ojos y nos muestra dónde nunca hemos dejado de estar. Nuestra mente está sanada; la percepción es otra. Ahora, ya podemos mirar a la demencia sin juicio, sin condenación y con plena comprensión de la verdad de las cosas.

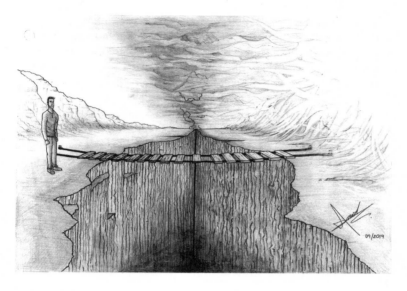

El sueño feliz

La base del sueño feliz es sencilla: ya no imponemos guiones a los hermanos. Dejamos de ser guionistas y de pensar que todas las personas que nos rodean deben desempeñar el papel que les asignemos. Ya no somos correctores de nada ni de nadie. Sabemos que todo aquel que está involucrado en una situación está allí para hacer el papel que le corresponde. No somos árbitros de lo que está bien o mal, porque sabemos que siempre nos proyectamos y vemos en el otro lo que nos gusta o nos disgusta de nosotros mismos.

> Los sueños felices se vuelven reales, no porque sean sueños,
> sino únicamente porque son felices.
>
> (T-18.V.4:1)

El *Curso* nos da argumentos contundentes para transformar nuestros sueños de miedo en sueños felices. Recordemos el instante santo, la relación santa, los recursos que nos ofrece el Espíritu Santo. Todos ellos están a nuestro servicio para que despertemos del sueño y entremos con plena conciencia en la Mente Original de la que nunca salimos.

Para mantener nuestro sueño en un estado de sueño feliz, es importante entregar cada situación al Espíritu Santo, que nos ayuda a eliminar todo error y toda culpa de la mente. El *Curso* nos aconseja no intentar eliminar por nuestra cuenta todo odio y temor de nuestra mente, porque sentiríamos miedo (T-18.V.2:1).

Al final, comprenderemos que nuestra única relación real es con nosotros mismos y que las que mantenemos con los demás son nuestras proyecciones ocultas. La relación santa es la perfecta coherencia emocional. Restaura el Reino de los Cielos porque nos lleva más allá del cuerpo.

> El Cielo no es un lugar ni tampoco una condición. Es simplemente la conciencia de la perfecta unicidad y el conocimiento de que no hay nada más: nada fuera de esta unicidad, ni nada adentro.
>
> (T-18.VI.1:5-6)

No tengo que hacer nada

El *Curso* se muestra muy clarificador en este apartado del capítulo 18, «El Final del sueño», e insiste en que nuestra mente debe estar receptiva.

> Son muchos los que se han pasado toda una vida preparándose y ciertamente han tenido sus momentos de éxito. Este curso no pretende enseñar más de lo que ellos aprendieron en el tiempo, pero sí se propone ahorrar tiempo. Tal vez estés tratando de seguir un camino muy largo hacia el objetivo que has aceptado. Es extremadamente difícil alcanzar la Expiación luchando contra el pecado. Son muchos los esfuerzos que se llevan a cabo tratando de hacer santo aquello que se odia y se aborrece. No es necesario tampoco que dediques toda tu vida a la contemplación, ni que te pases largos periodos de tiempo meditando con objeto de romper tu atadura al cuerpo. Todos esos intentos tendrán éxito a la larga debido a su propósito. Pero los medios son tediosos y

requieren mucho tiempo, pues todos ven la liberación de la
condición actual de insuficiencia y falta de valor en el futuro.

(T-18.VII.4:4-11)

Tu camino será diferente, no en cuanto a su propósito, sino
en cuanto a los medios. La relación santa es un medio de
ahorrar tiempo. Un instante que tú y tu hermano paséis
juntos os restituye el universo a ambos. Ya *estás* listo. Ahora
solo tienes que recordar que no tienes que hacer nada. Sería
mucho más efectivo ahora que te concentrases únicamente
en esto, que reflexionar sobre lo que debes hacer. Cuando la
paz llega por fin a los que luchan contra la tentación y batallan
para no sucumbir al pecado; cuando la luz llega por fin a la
mente que se ha dedicado a la contemplación; o cuando
finalmente alguien alcanza la meta, ese momento siempre
viene acompañado de este feliz descubrimiento: «No tengo
que hacer nada».

(T-18.VII.5:1-7)

He aquí la liberación final que todos hallarán algún día a su
manera y a su debido tiempo.

(T-18.VII.6:1)

Cuando no tenemos nada que hacer, entramos en el estado de tranquilidad y de paz que propicia el *Curso*. Hemos elegido que el Espíritu
Santo nos guíe en nuestro camino en este mundo; nuestros sueños
pueden convertirse en sueños felices porque ya no deseamos que las
cosas sean como nos gustaría. Entregamos toda relación al universo y
nos dejamos inspirar.

En cualquier lugar que estemos, sabremos qué decir, cómo estar, qué
hacer, porque antes habremos ofrecido la situación al Espíritu Santo.
Tendremos una percepción libre de culpa, porque nuestra mente esta-
rá receptiva, no será una mente intrusa dominada por el ego. Nuestra
labor en este mundo será fuente de inspiración para todos aquellos
que nos rodean; nuestra forma de ver y de sentirnos libres de culpabilidad resonará en las mentes de los hermanos, y ellos tendrán la oportunidad de sentir la paz.

10

LA REENCARNACIÓN, EL GRAN ENGAÑO DEL EGO

Este apartado es, cuando menos, polémico, y hasta me atrevería a decir que frustrante. He sido un gran creyente en la reencarnación; es más, una experiencia, que explicaré a continuación, me demostró su realidad.

Todo empezó hace unos veinticuatro o veinticinco años. Llevaba años divorciado y vivía con otra mujer desde hacía dos. Queríamos tener un hijo, pero ella no se quedaba embarazada y pasé un año entero pidiéndole a Dios un hijo, si podía ser varón, porque entre mi mujer y yo ya teníamos tres hijas.

Una noche me encontré fuera del cuerpo y se me llevó a un templo budista en el Tíbet. Entré en un salón con muchas columnas en los laterales y en el centro había una doble hilera de monjes formando un pasillo. Al final había un lama sentando en posición de loto encima de una especie de tarima. Hizo una señal y todos los monjes empezaron a hacerme preguntas, luego daban una palmada con las manos para indicarme que tenía que contestar, y hacerlo rápidamente. La situación continuó así durante lo que a mí me pareció un buen rato. El lama hizo otra señal y los monjes retomaron su posición inicial. Se produjo un silencio. Nadie dijo nada, hasta que el lama hizo otra señal y, por un pasaje lateral, entró un monje con un niño de unos siete años vestido con una túnica blanca y un fajín azul. Observé al niño. Tenía rasgos occidentales y ojos azules. El lama me llamó y me dijo: «Te lo damos en custodia». Guardé silencio, me giré y volví a mirar los ojos de aquel niño. Al hacerlo, sentí que sus ojos me absorbían y vi que él había sido mi maestro en otra vida, en la que yo también había sido monje budista. Se me dijo cuál debía ser su nombre, lo que haría y cuál era el propósito de la vida que iba a emprender. De repente, me encontré en mi cama, sudoroso, completamente alterado. Desperté a mi mujer y le dije: «Cariño, estás embarazada de un niño que se llama David». Eran las cuatro de la madrugada. No hace falta decir que ya no pude dormir más.

La pregunta que me puede hacer cualquiera es: «Entonces, Enric, ¿tú crees en la reencarnación?». Hay dos maneras de contestar. Según el ego, según el mundo de la ilusión, la respuesta es sí. Según el Espíritu Santo, según el principio de la no dualidad, la respuesta es no.

La culpabilidad nos tiene tan atrapados que necesitamos varias vidas en el mundo de la ilusión, en el mundo del sueño, para deshacerla. Por eso el *Curso* nos dice que nos ahorrará mil años, una forma metafórica de decirnos que, al tomar conciencia de quiénes somos y de qué estamos haciendo aquí, colapsaremos miles de años en el camino de regreso a casa.

Pero no hay nacimiento ni muerte, simplemente, hay cambios en el estado evolutivo que nos llevan de aquí para allá, según nuestras creencias y nuestro proceso del despertar.

Solamente hay un estado real, y es que nunca hemos salido del lado de Dios. Recordemos la proyección de las mentes que forman parte de la Mente Original y deciden jugar «a no ser» para tomar plena conciencia de quiénes son realmente.

Por eso, como nuestros cuerpos tienen caducidad, como están regidos por las leyes de la naturaleza dualista, como en este mundo todo tiene un principio y un final, debemos proseguir nuestra andadura de separación por otros lares, o repitiendo vidas en este mundo llamado Tierra.

Para liberarnos de esta noria sin fin, solo nos queda renunciar a todos los valores que el mundo de la ilusión nos ofrece, a fin de poder trascenderlo. Por eso, en este libro, expongo una evolución de los estados de conciencia, que comienza con la proyección inicial mediante la cual entramos en el holograma o mundo de la ilusión. Más adelante, empezamos a tomar conciencia —hoy día gracias a la física cuántica— de que todos estamos unidos, de que lo que hacemos nos afecta a todos y de que la mejor manera de superar esta inercia de separación e individualidad es liberarse del sentimiento de culpabilidad. Así, podremos pasar a una nueva fase y entrar en el mundo inocente, comprender que el sacrificio es innecesario y que las relaciones santas son el camino, o uno de los caminos, para despertar al mundo real. De esta manera, estaremos prestos para entrar en la Conciencia Total, el lugar del cual nunca hemos salido.

Pero el camino no termina aquí. Cuando vamos despertando, cuando ya hemos llegado a las puertas del Cielo, cuando estamos en presencia de la divinidad, algo nos impide entrar, y es lo siguiente: debemos entrar todos, porque nos proyectamos todos, y esta aventura del «no ser» la hemos de terminar todos. No es posible que entremos unos y otros se queden. La separación no existe, y nunca fue ni será real. Ello querría decir que Dios está dividido, y eso es imposible.

En este camino del despertar, cada uno de nosotros va a su ritmo. Nadie es mejor que nadie. Los distintos despertares se acomodan al ritmo de cada cual. Los hermanos más avanzados en el espacio-tiempo acompañan a otros, pero no permiten que estos los retrasen, porque, cuantos más lleguemos a las puertas del Cielo, más fuerza proyectaremos en las conciencias de aquellos que están despertando o que aún están plenamente dormidos.

Por eso, *Un curso de milagros* nos dice:

> Mientras tu hermano consienta sufrir, tú no podrás sanar.
> Mas tú le puedes mostrar que su sufrimiento no tiene ningún propósito ni causa alguna. Muéstrale que has sanado, y él no consentirá sufrir por más tiempo.
>
> (T-27.II.8:5-7)

> Esto es lo que es toda vida: un aparente intervalo entre nacimiento y muerte y de nuevo a la vida; la repetición de un instante que hace mucho que desapareció y que no puede ser

> revivido. Y el tiempo no es otra cosa que la creencia demente
> de que lo que ya pasó todavía está aquí y ahora.
>
> (T-26.V.13:3-4)

Por eso, es tan importante el perdón que nos enseña el Espíritu Santo, pues él nos libera de esta culpabilidad acumulada durante eones de nuestro tiempo, que se guarda en los distintos niveles del inconsciente para manifestarse en nuestra conciencia a través de situaciones, relaciones interpersonales, síntomas o enfermedades corporales. Se trata de que comprendamos que todo lo que nos sucede proviene de nuestros programas inconscientes, que tienen que pasar a la conciencia para ser transformados por la luz del conocimiento que nos inspira el Espíritu Santo. Entonces comprenderemos que no es necesario perdonar, porque cada uno de nosotros es portador de programas que se complementan con los de otros, a fin de corregirnos sin dolor, sin sufrimiento, sin apegos, con agradecimiento y bendiciones.

> De acuerdo con esta interpretación de lo que significa corregir
> no podrás ver tus propios errores. Pues habrás trasladado el
> blanco de la corrección fuera de ti mismo, sobre uno que no
> puede ser parte de ti mientras esa percepción perdure. Aquel
> al que se condena jamás puede volver a formar parte del que
> lo acusa, quien lo odiaba y todavía lo sigue odiando por ser un
> símbolo de su propio miedo. He aquí a tu hermano, el blanco
> de tu odio, quien no es digno de formar parte de ti, y es, por
> lo tanto, algo externo a ti: la otra mitad, la que se repudia. Y
> solo lo que se deja privado de su presencia se percibe como
> todo lo que tú eres. El Espíritu Santo tiene que representar
> esta otra mitad hasta que tú reconozcas que *es* la otra mitad.
> Y Él hace esto asignándoos a ti y a tu hermano la misma
> función y no una diferente.
>
> (T-27.II.14:1-7)

La reencarnación solamente tiene sentido en el mundo de la ilusión, de la separación. Es la enésima oportunidad para despertar y tomar plena conciencia de que nunca salimos de casa. La reencarnación le va muy bien al ego, porque de esta manera él se perpetúa en el tiempo sin tiempo, en la noria del nunca jamás. Nos convence de que el camino de vuelta a casa es largo y duro, y está lleno de dificultades. Tenemos que superarlas con grandes cantidades de sacrificio y sufrimiento. Entretanto, él se encarga de desanimarnos y decirnos que Dios es cruel e iracundo, porque permite que su hijo sufra. Aparecerán cientos de técnicas y de maneras de iluminarnos para hacernos sentir diferentes de los hermanos que, en definitiva, es lo único que le preocupa al ego. Es el famoso ego espiritual: «Tú todavía no estás preparado para recibir estas grandes verdades», y entonces te sientes como una «mierda». Es una manera sutil de hacer que nos sintamos inferiores, separados, ineptos, rechazados. Todo ello puede hacernos caer en la trampa de las sectas: comunidades donde se nos enseña a ser dignos, escogidos para llevar la paz al mundo tras entregar nuestros bienes al maestro para que él pueda gestionarlos para el bien común. Nos harán vestir con ropas diferentes para que nos sintamos especiales y para que los demás vean cuán avanzados estamos en las técnicas del despertar. Nos enseñarán técnicas sexuales para regular la energía, encaminarla a la cabeza y alcanzar la iluminación. ¿Para qué seguir? Todas son estratagemas del ego para hacernos sentir diferentes. Estas son sus excelsas estrategias para atraparnos en la rueda de la reencarnación y que creamos avanzar a pasos agigantados, sin darnos cuenta de que permanecemos en el mismo sitio, practicando una y otra vez esa «técnica especial» que nos iluminará.

Un curso de milagros es claro, muy claro, molestamente claro, diría yo. No hay término medio: estamos despiertos o dormidos. El cuerpo no existe, el mundo no existe, no son reales. Ni más ni menos.

El ego espiritual

> Solo la arrogancia podría hacerte pensar que
> tienes que allanar el camino que conduce
> al Cielo. Se te han proporcionado los
> medios para que puedas ver el mundo que
> reemplazará al que tú inventaste.
> (T-31.VI.4:1-2)

Se nos enseña que hay que hacer «cosas» para ir al Cielo, cosas que implican sacrificio y sufrimiento. Tenemos que mejorar dietas, costumbres, hábitos, ideas y hasta cambiar nuestra vida social. Vamos, que para ser felices algún día, primero hemos de sufrir. ¡Qué manía tenemos con que, para estar bien, primero hay que estar mal! ¡Qué manía tenemos con que para sanar tenemos que experimentar dolor!

Nuestros esfuerzos por ser buenos —lo que implica que somos malos— son arduos, constantes, llenos de rutinas, de prohibiciones, de cosas por hacer y de cosas que no se deben hacer. Mantenemos la mente ocupada en nimiedades, que convertimos en especiales. De esta manera, nos sentimos especiales, especialmente buenos. Esto nos permite mirar al mundo por encima del hombro, condenarlo, sentir pena por todos aquellos que están atrapados en los miasmas del miedo. Vivimos en un mundo de cosas buenas y malas, y el ego engorda cada vez más con este pensamiento. El bien y el mal son su mejor argumento para hacernos sentir separados, especiales.

La mente cuántica, la Mente Original, se extiende a través de nuestro sueño, lo sustenta, lo alimenta, le da forma según nuestras percepciones y programas. Esto determina el camino espiritual del ego, porque hay muchas enseñanzas o escuelas espirituales que enseñan técnicas basadas en la dualidad y en la separación entre lo de dentro y lo de fuera. Veamos algunos de sus postulados:

1. Hay que envolverse en una nube o una burbuja de energía para que nos proteja de las energías negativas. Si son de colores, mejor que mejor, porque cada color es especial.

2. Hay que pedir a unos seres superiores, como los ángeles, que nos protejan del mal externo. Pero el *Curso* deja muy claro que nada de afuera nos puede amar ni hacer daño, porque afuera no hay nada.

3. Hay que creer en el pensamiento positivo. Pero esto equivale a alimentar el pensamiento negativo. Todo es mente, y la mente crea mediante el pensamiento. Si el pensamiento es dual, entonces no creamos, sino que fabricamos o alimentamos el mundo de la ilusión. Las palabras no sirven de nada si lo que decimos no es lo que realmente sentimos. La repetición no produce efectos; lo que sí los produce es el sentimiento profundo. El universo no escucha razonamientos, sino que responde a la coherencia emocional, a la coherencia entre las acciones y los sentimientos y emociones.

4. Hay que enviar luz a otros para que mejoren. Pero el *Curso* es muy claro cuando afirma que los hijos enfermos de Dios son aquellos que ven y creen en las enfermedades.

> No te pongas de parte de la enfermedad en presencia de un Hijo de Dios aunque él crea en ella, pues tu aceptación de que Dios reside en él da testimonio del Amor de Dios que él ha olvidado.
>
> (T-10.III.3:4)

> Creer que un Hijo de Dios está enfermo es adorar al mismo ídolo que él adora.
>
> (T-10.III.4:1)

Debemos comprender que cada situación, enfermedad, etcétera, es una circunstancia que el alma, de alguna manera, escoge para su despertar. Debemos ver en nuestro hermano lo que él mismo no puede ver: su santidad, su poder y su fuerza interior. La enfermedad y el remedio se encuentran en el mismo lugar, es decir, en la mente.

5. Hay que creer que existe una separación entre Dios y nosotros, y por eso creamos el camino espiritual. Pero esto es lo que siempre pretende el ego: que nos sintamos separados de Dios, que pensemos que Él está muy enfadado con nosotros y debemos hacer sacrificios para agradarle a fin de que nos perdone.

> ¡Cuán temible, pues, se ha vuelto Dios para ti! ¡Y cuán grande es el sacrificio que crees que exige Su amor! Pues amar totalmente supondría un sacrificio total.
>
> (T-15.X.7:1-2)

No estamos en Dios, Dios está en nosotros, formamos parte de Él. Esta es la única verdad que el ego intenta por todos los medios que no veamos.

6. Hay que preocuparse por los problemas del mundo. Pero angustiarse por ellos es hacerlos reales en el mundo de la ilusión. Prestar atención a algo equivale a ceder nuestro poder a aquello que queremos cambiar. La atención debe ser indivisa, pues todo tiene su razón de ser. Hay que evitar prestar apoyo a los sueños de muerte. El Espíritu Santo siempre nos da la oportunidad de ver las cosas de otra manera mediante el instante santo.

7. Hay que creer que somos elegidos de Dios. Todos son llamados y pocos eligen escuchar. Pero nadie nos elige; somos nosotros quienes nos elegimos a nosotros mismos en el momento en que nos unimos al Espíritu Santo y a su manera de contemplar el mundo. Elegimos su guía a la hora de percibir y eso nos convierte en salvadores. Pero esto no es prerrogativa de nadie en particular, porque todos somos uno.

8. Hay que creer en el sacrificio, sacrificarse por los demás. No voy a extenderme en este apartado, porque ya he hablado mucho sobre el concepto de sacrificio y cómo al final se convierte en amargo resentimiento. Detrás del sacrificio casi siempre se esconde algún tipo de manipulación.

9. Hay que creer en ídolos que pueden protegernos del mal. Amuletos, reliquias, cristales, velas, imágenes, etcétera. En realidad, somos idólatras. No nos damos cuenta de que el poder de los ídolos es nuestro propio poder.

10. Hay que creer que los maestros espirituales son mejores que nosotros. La verdad es que algunas veces están más adelantados, pero esto no los hace mejores ni especiales. Muchos se olvidan del mensaje y se quedan con el mensajero. Idealizar o sentirse inferior son dos argucias del ego. Los verdaderos maestros son aquellos que están a nuestro lado, aquellos que nos traen problemas, los que nos insultan, los que nos calumnian, nuestros jefes, maridos, esposas, hijos o padres.

> Dije que la reverencia no es apropiada en conexión con los
> Hijos de Dios porque no deberías experimentar reverencia
> en presencia de tus semejantes. [...] He subrayado que la

reverencia no es una reacción apropiada hacia mí debido a nuestra inherente igualdad.

(T-1.VII.5:2,6)

11. Hay que creer que, para estar en el camino espiritual, es necesario hablar bajito, no enfadarse, no mostrar ira ni cólera. ¡Vamos, que hay que ser un santo en la Tierra! Pero el Señor dijo: «No seáis como tumbas blanqueadas por fuera y podridas por dentro». Esta creencia nos mantiene atados a juicios con respecto a nosotros mismos, a exigencias de vivir de acuerdo a ciertas normas y rituales, creyendo que nos elevarán. No hay que cambiar de conducta, sino de mentalidad, pues la mente es inmutable. El *Curso* nos motiva a cambiar, pero no de conducta, porque ella será una consecuencia de nuestro cambio de percepción y, por lo tanto, del cambio mental.

Recordemos que, en este plano de la ilusión, el ego es necesario, y no lo desharemos atacándolo, sino poniéndolo en su justo lugar y prestándole la mínima atención. Hemos de mantenernos muy alertas a sus dictados y evitar todo juicio. Cuando nos demos cuenta de que hemos juzgado, porque sentamos en el cuerpo un ligero malestar, una punzada de dolor, ese es el momento de pedir expiación al Espíritu Santo para que deshaga el juicio.

> Prueba de ello es el hecho de que crees que debes escaparte del ego. Sin embargo, no puedes escaparte de él humillándolo, controlándolo o castigándolo.
>
> (T-4.VI.3:8)

El ego espiritual es la gran argucia del ego para mantenernos atrapados en la rueda de las encarnaciones, a la espera de que todos nuestros esfuerzos se vean recompensados algún día.

El *Curso* nos enseña que no hay que discutir sobre la existencia de la reencarnación. Si le sirve a un hermano como excusa para evolucionar, está bien. Afirma que las cuestiones teóricas, como la teología, representan una pérdida de tiempo.

El *Curso* repite más de una vez que «lo único que se tiene que reconocer [...] es que el nacimiento no fue el principio y que la muerte no es el final» (M-24.5.7).

> En última instancia, la reencarnación es imposible. El pasado no existe ni el futuro tampoco, y la idea de nacer en un cuerpo ya sea una o muchas veces no tiene sentido. La reencarnación, por lo tanto, no puede ser verdad desde ningún punto de vista. Nuestra única pregunta debería ser. «¿Es un concepto útil?». Y eso depende, por supuesto, del uso que se le dé. Si se usa para reforzar el reconocimiento de la naturaleza eterna de la vida, es ciertamente útil. ¿Qué otra pregunta con respecto a la reencarnación podría ser útil para arrojar luz sobre el camino? Al igual que muchas otras creencias, esta puede usarse desacertadamente. En el mejor de los casos, el mal uso que se hace de ella da lugar a preocupaciones y tal vez a orgullo por el pasado. En el peor de los casos, provoca inercia en el presente. Y entre estos dos extremos, puede dar lugar a muchísimas insensateces.
>
> (M-24.1:1-11)

11

EL DESHACIMIENTO DEL MIEDO

Extraigo estas palabras sobre el miedo de la película *After Earth*, en la que Will Smith le habla a su hijo sobre el tema.

> El miedo no es real. El único lugar donde puede existir el miedo es en nuestros pensamientos sobre el futuro, que son producto de nuestra imaginación y nos hacen temer cosas que no existen en el presente, y a lo mejor nunca existirán. Esto casi roza la locura. No me malinterpretes. El peligro es muy real, pero el miedo es una opción. Todos nos creamos una historia.

Cuando escuché estas frases en la película, me quedé sorprendido. Fue como si escuchara lo que el *Curso* dice sobre el miedo en muchos apartados: que se trata de una creación nuestra y que lo único que podemos hacer es pedir ayuda para deshacer las condiciones en las que lo creamos. Pero nadie nos puede librar del miedo, porque es nuestra creación, y Dios no ataca lo que su hijo crea.

El *Curso* nos dice una y otra vez que el miedo no es real. Si queremos despertar, debemos curar nuestros sueños, porque todos ellos son sueños de miedo, al margen de las formas que adopten. Muchas de estas formas parecen alegres. Pero el *Curso* nos recuerda que el miedo se suele esconder en aparentes alegrías, situaciones de escape o divertimentos.

Los protagonistas de esta película luchan contra un monstruo que huele las feromonas que produce el cuerpo humano al sentir miedo. La verdad es que sentir miedo es inevitable. Es más, en la misma película, se explica que el miedo tiene una base biológica en el cerebro reptiliano. Por mucho que las personas se esfuercen, este se expresa y es detectado por el monstruo, y entonces solo queda esperar la muerte.

El protagonista es de los pocos hombres que no sienten miedo y, por ello, puede matar a los monstruos. Los demás tienen que aprender a dominar su miedo visceral y, para ello, se entrenan en lo que denominan la *fantasmagorización*. El concepto no queda muy claro en la película, pero se puede interpretar como la capacidad que adquiere la mente de eliminar el fantasma —porque no es real— del miedo.

Para mí, el monstruo es el ego que se alimenta del miedo. Cuanto más miedo tenemos, más poderoso se torna, hasta conseguir destruirnos. El ego vive por y para el ataque. Cuando el miedo desparece, entonces podemos matar al ego, el monstruo.

Para trascender el miedo hay que eliminar de la mente la creencia en la muerte o, mejor dicho, rendirse a ella y decidir que no queremos vivir lo que estamos viviendo, porque podemos crear otra realidad. La creencia en la muerte es la identificación de nuestra conciencia con la biología. Es como un sueño lúcido, en el que despertamos en el sueño y decidimos cambiarlo por otro.

Esto es muy importante: si lo que vivimos ahora mismo nos hace sufrir o nos genera temor, renunciemos a vivirlo y decidamos vivir otro sueño en lugar de este. Renunciemos a la verdad de la situación que tenemos ante nosotros. No existen culpables ni víctimas, solo una experiencia que se expresa en un sueño. Por lo tanto, podemos decidir vivir otro. Esto es vivir en la realidad cuántica, en donde hay múltiples opciones. Entregamos la situación al Espíritu Santo, le pedimos vivir otra experiencia y no esta, que nos ayude a trascender las causas para anular los efectos.

Las causas, obviamente, están en la mente. Por eso, pedimos cambiarlas, sanarlas, a fin de cambiar los efectos. El peligro es «real» en el sueño, y el miedo hace que esta «realidad» se manifieste en él. Por eso hay que conectar con el aquí y el ahora, dejar de buscar soluciones y permitir que se nos inspire cuando nuestra mente esté tranquila y en paz. La mente sabe a ciencia cierta que todo está bien, porque afirmamos: «Soy un Hijo de Dios; entrego este momento al Espíritu y dejo que Él me inspire».

Utilizo muy a menudo esta frase cuando me encuentro en una situación que me bloquea. Me arrodillo de una forma real o simbólica, conecto conmigo mismo y la pronuncio.

Vivimos situaciones de miedo porque recordamos cosas que nos causaron temor y las proyectamos en el futuro. De hecho, utilizamos la memoria para revivir el pasado. Si entregamos nuestro pasado al Espíritu Santo para que lo libere, viviremos un presente libre de ataduras.

Cuando seamos plenamente conscientes de estar en un sueño, de que las situaciones vividas son proyecciones de nuestra propia mente en el mundo cuántico y pueden cambiarse, debemos evitar reforzar nuestra percepción mediante juicios y justificaciones, dejar de sentirnos atacados, víctimas o victimarios. Se trata de vivir la experiencia con *indefensión*.

La indefensión es la plena renuncia al ataque en todas sus formas. No damos realidad al ataque, porque vivimos en la fortaleza de la divinidad, que es la única realidad. Hemos elegido realizar nuestra función en este mundo, entregar nuestra vida a la Vida, y esta responde con la fortaleza que da la indefensión. No necesitamos defensas, porque la única defensa real es consecuencia de la liberación del miedo.

Ser plenamente consciente de que vivo en un mundo que no es real y de que todo es un sueño me permite cambiar los efectos, porque cambio las causas que están en mi mente. Sé que mi dirección es hacia el pasado, y en mi libro El *observador en bioneuroemoción* lo explico. Lo que llamo futuro es la proyección de un tiempo que llamé presente, tomé una decisión, y ahora es pasado. Siempre estoy viviendo las consecuencias, las decisiones de mi pasado en lo que denomino el presente, y este presente está creando un acontecimiento que llamaré mi futuro, pero que es consecuencia del pasado. Por eso, ahora mismo puedo cambiar los acontecimientos tomando otra decisión, deshaciendo el miedo y dejando que el futuro sea otro como consecuencia de mi elección aquí y ahora.

Entregamos este presente, este aquí y ahora, al Espíritu Santo y pedimos un instante santo, que es el recurso que deshace el pasado y libera del miedo.

En el instante santo bendecimos este momento. Sabemos que podemos tomar otra decisión, y la dejamos en manos de Aquel que sabe lo que es mejor para todos.

LA INDEFENSIÓN, David Corbera.

Al fin, descubrimos que la lucha solo trae más dolor. Descubrimos que la indefensión es ese estado mental en el que se comprende que no hay que reforzar el ataque, que no hay que hacerlo real. Entonces nos dejamos llevar por la fortaleza de la divinidad.

12

EL SACRIFICIO INNECESARIO

He abordado el tema del sacrificio en muchas partes del libro, pero todavía es posible profundizar. La enseñanza de *Un curso de milagros* se basa en la repetición de los principios desde todos los ángulos posibles. De esta manera, se van integrando en nuestra conciencia y se convierten en una forma de vivir y, en definitiva, en nuestro despertar.

El sacrificio también es una ilusión, como el perdón y el milagro. Todos estos conceptos se entienden a la luz del mundo de la ilusión, no a la del mundo real, como veremos más adelante.

Si el sacrificio es una ilusión, esto significa que, para sacrificarnos, debemos creer en las ilusiones. Y, como estamos saliendo del mundo de la ilusión y adentrándonos en el real, el sacrificio debe desaparecer.

El concepto de sacrificio alude a la necesidad de esforzarse para alcanzar una meta u obtener algún tipo de beneficio. Pero ¿qué meta o beneficio pretende alcanzar el ego?

El ego siempre utiliza el sacrificio para obtener algo, y uno de sus principales objetivos consiste en lograr que los demás se sientan en deuda. A través del sacrificio, se busca reconocimiento, se busca existir, ser visto, ser algo. Nos sacrificamos con el propósito de cambiar algo o a alguien, de manipular voluntades. Y cuando se dedica a agradar a Dios o a los ídolos, el sacrificio siempre es miedo. Miedo a no ser aceptado por la divinidad, a su juicio. El temor a Dios nos empuja a creer que, para agradarle y doblegar su santa voluntad, hay que sacrificarse.

Todo sacrificio es una renuncia. Nos privamos de lo que queremos o deseamos para ser gratos a los ojos de alguien. Algunos creen que con el sacrificio alcanzarán la santidad. Es más, se sacrifican luchando contra el pecado, que atribuyen al cuerpo. El cuerpo se erige en receptor de nuestro sacrificio, porque sin él seríamos santos y buenos.

De acuerdo con el pensar del mundo, no hay sacrificio que no se identifique con el cuerpo, que es el receptáculo del placer, del poder, del dinero y de todos los caprichos.

Se supone que hay que renunciar a los placeres del mundo porque nos impiden alcanzar la santidad. Esto no nos deja ver que los placeres también son ilusiones; los hacemos reales y entonces nos mantienen atados, porque nosotros les damos su fuerza.

Cuando uno se adentra en el mundo real, renunciar a los placeres no es un sacrificio, porque el desapego los convierte en simples medios para hacer algo en el mundo, no en una meta en sí mismos. La lucha contra algo, sea lo que sea, nos ata a aquello contra lo que luchamos. Nadie nos dice que no tengamos un buen coche o una buena casa, pero no los convirtamos en ídolos de nuestro estatus social, porque entonces les estamos dando un valor que nos mantendrá atados a este mundo de la ilusión.

Cuando uno está en el mundo real, sabe que lo tiene todo, y que todo está a su disposición para realizar su función en el mundo. Además, el Espíritu Santo cuidará de que se nos dé todo lo necesario para cumplir nuestra función especial sin que nos retrase en el mundo del tiempo.

El *Curso* solo pide un sacrificio: que renunciemos a todos los valores de este mundo, no que vivamos debajo de un puente pasando hambre. De esa manera, no podríamos ayudar a Dios a deshacer el mundo de la ilusión, el mundo del ego.

Cuando se está en el mundo real, se comprende que el mundo ilusorio no tiene nada que ofrecer, y se hace urgente eliminar el sistema de pensamiento del ego y su creencia de que abandonar las cosas de este mundo es un sacrificio (M-13.6).

Sacrificarse es renunciar, pero solo es posible renunciar a algo cuando uno se siente atado a ello. No estoy hablando del sacrificio biológico; este es un instinto gobernado por las leyes de la naturaleza, leyes que fabricó el Hijo de Dios para jugar a estar separado.

El sacrificio biológico es, por ejemplo, el que hacen los padres para cuidar a sus hijos. Esto es algo que nace de su interior, una fuerza expansiva para continuar en este mundo de acuerdo con las leyes de la naturaleza. En este mundo, es lógico morir por los hijos, pero no es lógico morir por los padres. En el primer caso, la muerte tiene un sentido, en el segundo es una sinrazón, una locura más del ego, del apego.

Desde el mundo real se ve que esto será así mientras estemos en el mundo del sueño. No olvidemos que el mundo real también es un sueño, pero en él ya no adosamos guiones a nadie, ya no esperamos que nuestros hermanos hagan o dejen de hacer algo para hacernos sentir felices. Todo es, y es para siempre.

El mundo real es el mundo perdonado. Cuando lo recordemos, ya no desearemos nada más que vivir en este estado. Como dice *Un curso de milagros*:

> Este paso, el más corto que jamás se haya dado, sigue siendo el mayor logro en el Plan de Dios para la Expiación. Todo lo demás se aprende, pero esto es algo que se nos da, y que es completo en sí mismo y absolutamente perfecto. [...] El mundo real, en toda su belleza, es algo que se aprende a alcanzar. Todas las fantasías se desvanecen y nada ni nadie continúa siendo prisionero de ellas, y gracias a tu propio perdón ahora puedes ver. Lo que ves, sin embargo, es únicamente lo que inventaste, excepto que ahora la bendición de tu perdón descansa sobre ello.
>
> (T-17.II.3:1-2,4-6)

El mundo real se alcanza simplemente mediante el completo perdón del viejo mundo, aquel que contemplas sin perdonar. El Gran Transformador de la percepción emprenderá contigo un examen minucioso de la mente que dio lugar a ese mundo, y te revelará las aparentes razones por las que lo construiste. A la luz de la auténtica razón que lo caracteriza te darás cuenta, a medida que lo sigas, de que este mundo está totalmente desprovisto de razón.

(T-17.II.5:1-3)

Cuando vivimos con plenitud en el mundo real, el siguiente paso lo da Dios.

13

EL MUNDO REAL

Se trata del estado más deseado del camino de regreso a casa. Solo he vislumbrado este mundo, por eso me atrevo a hablar de él, pero lo haré con la boca pequeña, pidiendo inspiración al Espíritu Santo.

Lo que sí sé es que el mundo real no es un lugar, sino un estado mental. Seguimos en el sueño, pero la percepción de lo que nos sucede ya no nos afecta como antes, porque vemos otras relaciones. Vemos que no hay culpables, que tenemos sueños felices, que las áreas de dolor en el espacio-tiempo son más reducidas, y vivimos las situaciones de otra manera porque sabemos que todo tiene una finalidad.

El apego a las cosas que nos ofrece el mundo disminuye, y el efecto directo es una mayor tranquilidad mental. Muchos pueden creer que nos hemos vuelto insensibles, pero la verdad es muy diferente. Gracias a nuestra percepción, muchas personas dejan de sufrir porque no nos unimos al sufrimiento de otros. Sabemos emplear la empatía tal como el Espíritu Santo enseña: ya no nos unimos al dolor y al sufrimiento, porque sabemos que así perjudicaríamos a los hermanos.

> Todo lo que has aprendido acerca de la empatía procede del pasado. Y no hay nada del pasado que desees compartir, pues no hay nada del pasado que desees conservar. No te valgas de la empatía para otorgarle realidad al pasado y así perpetuarlo.
> (T-16.I.3:4-6)

Para estar en el mundo real, hay que estar libre de juicios, por lo tanto, libre del pasado. Las relaciones especiales dejarán paso a las santas. Podemos tener una relación especial, pero ya no será fuente de dolor, ya no impondremos nada que consideremos valioso, ya no decidiremos lo que debemos hacer para que funcione.

En el mundo real, el otro ya no existe. Aunque vemos su cuerpo, hemos decidido ver lo único que es real en él: su santidad.

Ya no asignamos valor a nada que el mundo pueda ofrecernos, porque sabemos que el universo nos dará todo lo que necesitemos para realizar nuestra obra aquí.

En el mundo real nadie sufre pérdidas de ninguna clase.

(T-13.VII.1:6)

Cambiar los valores y las creencias

Para vivir en el mundo real es imprescindible cambiar los valores y las creencias. Hay que dejar atrás la jerarquía de valores sustentada por nuestros juicios. Ya somos conscientes de que ignoramos lo que es mejor para los demás. Sabemos que los valores del mundo nos atan a él y que su defensa produce estragos en nuestra paz mental y nos lleva a enfermar.

Todos los valores y creencias necesitan defensa, y toda defensa es la creencia en el ataque. Una mente que cree en el ataque no puede estar en el mundo real.

Dejamos de creer en el ataque. Sabemos que el ataque es siempre contra uno mismo. Se manifiesta luchando por diversas creencias y valores que se encuentran en nuestra mente y, por tanto, pueden ser cambiados. Esto no significa que para estar en el mundo real se deba permanecer completamente libre de creencias, pero se deja de creer en las propias creencias. Se las considera medios para poder moverse en el mundo de la ilusión. No se hace de las creencias, o valores, dogmas de fe para sentirse diferente y separado del hermano, porque entonces se deja de estar en el mundo real.

Los valores y las creencias siempre conducen a la guerra, porque no nos damos cuenta de que todos ellos son ilusiones. Y como siempre establecemos una jerarquía, comparamos nuestros valores con los de los demás y pensamos que tenemos que defenderlos, y toda defensa reclama ataque.

> Y el ataque se justifica porque los valores difieren, y los que tienen distintos valores parecen ser diferentes, y, por ende, enemigos.
>
> (T-23.II.2:5)

Una de las creencias que nos impiden estar en el mundo real es *el temor a Dios*, que como muy bien dice el *Curso*, es una de las creencias más inverosímiles que la mente jamás haya podido crear. Es una demencia temer al Creador, que es amor. En el estado mental del mundo real tomamos conciencia de cuán equivocados estábamos y de cuánto necesitamos que el Espíritu Santo nos libere de toda creencia.

> Aprender este curso requiere que estés dispuesto a cuestionar cada uno de los valores que abrigas.
>
> (T-24.In.2:1)

Estamos en el mundo, y una de las cosas que siempre hacemos y nos mantiene muy ocupados es defender nuestros valores y creencias. «Ninguna creencia es neutra», nos dice el *Curso*. Es de vital importancia tenerlo muy claro si queremos vivir en el mundo real.

La enfermedad

> La enfermedad es una defensa contra la verdad.
>
> (L-136)

En el mundo real comprendemos que la enfermedad tiene un propósito. No es algo que ocurre sin más, sino algo que, de alguna forma, hemos pedido. Aceptar esto en la mente permite alcanzar la libertad tan deseada y vivir con plenitud lo que tantas veces se nos ha dicho: nada real puede atacarnos ni dañarnos. Esto solo puede suceder en el mundo de la ilusión, porque pensamos que fuera hay algo capaz de perjudicarnos o de amarnos.

En el mundo real la enfermedad no existe porque no hay ningún propósito para ella. La culpabilidad no existe, por tanto no hay castigo de ninguna clase. La mente se siente perfectamente unida a todo lo que la rodea. No hay nada que no forme parte de nosotros, y por eso decidimos no vivir los sueños de dolor de nadie, porque unirnos a ellos sería volver a entrar en el mundo del sufrimiento y el sacrificio. Comprendemos que la mente se puede adherir a distintos modos de ver las cosas y que, al prestarle atención a una situación, la vivimos en nuestra mente. Solo podemos vivir las realidades a la que damos cabida en la mente.

La enfermedad es la creencia de que algún tipo de poder externo puede arrebatarnos el nuestro. Esto solo es posible si nuestra mente se siente separada.

Enseño un método llamado bioneuroemoción, que parte de la premisa de que la enfermedad tiene un propósito. La curación se alcanza como consecuencia de comprender que existen programas biológicos, formados a lo largo del proceso evolutivo, que dan sentido al síntoma. La enfermedad no es algo externo, sino la expresión física de conflictos emocionales, creencias y valores que convergen en el cuerpo.

Considero que este es un primer paso fundamental para conducir a las personas hacia un cambio de paradigma. Una vez que se vive en el nuevo paradigma, se puede dar el siguiente paso: la compresión de que nadie es culpable. Las relaciones interpersonales —las relaciones especiales— son el marco perfecto para comprender que ellas han sido establecidas por nuestros programas inconscientes. Cuando esto se entiende, la mente entra en otro estado. El perdón alborea en ella y se comprende que no hay nada que perdonar. Entonces se entra en el mundo inocente. A partir de ese punto, el desarrollo de la mente y, por supuesto, de la conciencia, depende del deseo de cada uno de seguir aplicando los principios de *Un curso de milagros* y de adentrarse en el mundo real.

Por eso, en el mundo real se comprende que el único propósito de la enfermedad es expresar nuestra culpa. Cuando en nuestra mente ya no alimentamos la culpabilidad, ¿qué sentido tiene la enfermedad? ¡Ninguno!

Ya no son necesarias las defensas, ya no se perciben amenazas. Solo son posibilidades, que serán reales en nuestro sueño en la medida en que alimentemos el ataque.

> La enfermedad es aislamiento.
>
> (L-137.2:1)

En el mundo real, cuando nos curamos, también se curan otras muchas mentes, porque todas ellas están unidas.

> Es imposible que alguien pueda curarse solo.
>
> (L-137.3:2)

Para curarse, la mente que se siente enferma debe empezar por decidir que forma parte de una Mente Una, que la separación es imposible, que todos estamos unidos. Por eso, una de las funciones que se nos da en el mundo real es practicar la curación, el arte de curar, pero no el cuerpo, sino la mente. Se trata de hacer que las personas tomen conciencia de que los cuerpos nos hacen vivir la creencia de la separación, la creencia de que ellos son más fuertes que la mente. Una mente sana no puede sufrir, y es una puerta abierta para todas las demás mentes, que, unidas a ella, tienen la posibilidad de elegir cómo pensar con relación a la enfermedad: si esta está en el cuerpo o en la mente del pensador.

Por eso, la curación de una mente crea una cascada de curaciones, porque una mente despierta bendice a toda la Mente Una.

> Mas nunca te curas solo. Legiones y legiones de hermanos recibirán el regalo que tú recibes cuando te curas.
>
> (L-137.10:3-4)

En el mundo real la enfermedad no existe, porque, en el mundo real, no existe la culpabilidad; y donde no hay culpabilidad, no puede haber enfermedad.

El ataque

> Si me defiendo he sido atacado.
>
> (L-135)

Si nos sentimos amenazados, es porque creemos que hay una debilidad en nosotros; existe un peligro que nos empuja a buscar la defensa adecuada.

Solo la mente inocente puede hacernos invulnerables, porque no percibe ataques y crea paz y armonía a su alrededor.

La creencia de que podemos atacar, herir y ser heridos, alimenta la creencia en la necesidad de la defensa. En el mundo real, esta es una idea demente, porque todo ataque es siempre contra uno mismo. No hay nada alrededor que no forme parte de nosotros. En la medida en que esta idea eche raíces y florezca en la mente, nos sentiremos libres y protegidos. Porque ya no habrá nada de qué protegerse, salvo de los propios pensamientos, causantes de la realidad que vivimos.

> ¡Qué bello es caminar, limpio, redimido y feliz, por un mundo
> que tanta necesidad tiene de la redención que tu inocencia vierte
> sobre él!
>
> (T-23.In.6:5)

En el mundo real la mente no hace planes. Sabe dónde está y deja que la Mente Una le inspire qué debe hacer. La mente que se halla en el mundo real ya hace su función especial, que es el deshacimiento del miedo. Esto permite liberar a las mentes que se sienten atrapadas en los cuerpos.

En el mundo real la mente no hace planes para controlar los acontecimientos futuros. Vive en el presente, en el ahora, sabiendo que este preciso instante alberga infinitas posibilidades.

En el mundo real no hay nada que planear: todo está presente en este preciso instante que se está viviendo, y la elección ya no existe. Se está al servicio del Espíritu divino, que todo lo alimenta y lo sostiene. Una

mente libre de ataduras, de necesidad de planificar para evitar acontecimientos desagradables, tiene comunicación directa con la divinidad
y siempre sabe qué hacer.

> Descansaremos en la certeza de que se nos proveerá de
> todo cuanto podamos necesitar para lograr esto hoy. No
> haremos planes acerca de cómo se va a lograr, sino que nos
> daremos cuenta de que nuestra indefensión es lo único que
> se requiere para que la verdad alboree en nuestras mentes
> con absoluta certeza.
>
> (L-135.21:2-3)

El cuerpo

En el mundo real, el cuerpo está en el lugar que le corresponde: el de la
comunicación. La mente está más allá del cuerpo, porque comprende
y vive la verdad de que no hay nada externo a uno mismo. Este reconocimiento lleva la mente a las puertas del Cielo.

El cuerpo, en el mundo real, sigue siendo el vehículo necesario para
movernos en el holograma que hemos creado, pero ya no nos identificamos con él. Por supuesto que lo cuidamos y adecentamos, pero ya
no es nuestra referencia. Ahora tiene un nuevo propósito, solo uno: ser
un medio de comunicación al servicio del Espíritu Santo.

> La lección fundamental es siempre esta: el cuerpo se
> convertirá para ti en aquello para lo que lo uses. Úsalo
> para pecar o para atacar, que es lo mismo, y lo verás como algo
> pecaminoso. Al ser algo pecaminoso es débil, y al ser débil sufre y
> muere. Úsalo para llevar la Palabra de Dios a aquellos que no
> la han oído, y el cuerpo se vuelve santo. Al ser santo no puede
> enfermar ni morir. Cuando deja de ser útil, se deja a un lado.
> Eso es todo. La mente toma esta decisión, así como todas las
> que son responsables de la condición del cuerpo. El maestro
> de Dios, no obstante, no toma esta decisión por su cuenta.
> Hacer eso sería conferirle al cuerpo un propósito distinto
> del que lo mantiene santo. La Voz de Dios le dirá cuándo ha

llevado a término su cometido, tal como le dice cuál es su función. Mas él no sufre, tanto si se va como si se queda. Ahora es imposible que pueda enfermar.

(M-12.5:1-12)

El tiempo

En el mundo real, el tiempo empieza a recobrar su verdadero sentido. Ya no hay pasado, ya no hay futuro; se vive en el presente, en un permanente aquí y ahora. La mente no planifica. Libre de culpa, se ha deshecho del pasado. Todo existe en este preciso momento y todo está bien. Las causas y sus efectos ya no se ven alejados en la línea temporal de pasado y futuro. La causa, que es igual al efecto, se expresa a cada instante y, por eso, en este mismo instante, podemos cambiar los teóricos efectos futuros, porque eliminamos la causa mediante el perdón.

Cuando se elimina del tiempo el pasado y el futuro, se abandona toda ansiedad o preocupación. Cada instante es el único tiempo que tenemos, y en él elegimos cómo vivirlo. Así es como se controla el tiempo, de instante en instante, convirtiéndolo en un presente continuo. El presente está libre de culpa, porque la más mínima tentación de caer en la culpabilidad aleja del presente eterno, que es el aquí y el ahora.

Aquí adquiere todo su sentido el instante santo. Ya no tenemos que prepararnos para él, vivimos en él. Entregamos todas las decisiones al Espíritu Santo, sin preocuparnos del pasado ni del futuro. No hay ninguna necesidad de que interfieran en cada momento. Somos ahora y para siempre: en esto radica la paz de Dios.

El instante santo descorre el velo que mantenía oculto al mundo real. Aparentemente, nada ha cambiado, pero todo se percibe y se vive de otra manera. El mundo cobra otro sentido. Ya no hay necesidades de ninguna clase. Vemos a nuestros hermanos, cada uno con su nivel de despertar, pero ya no los vemos diferentes ni separados de nosotros. Todo tiene un orden, un sentido y un plan.

El instante santo es el reconocimiento de que todas las mentes están en comunicación. Por lo tanto, tu mente no trata de cambiar nada, sino simplemente de aceptarlo todo.

T-15.IV.6:7-8)

No pienses que puedes ir en busca de la salvación a tu manera y alcanzarla. Abandona cualquier plan que hayas elaborado para tu salvación y substitúyelo por el de Dios.

(T-15.IV.2:5-6)

Nunca solicites el instante santo después de haber tratado de eliminar por tu cuenta todo odio y temor de tu mente. Esa es *su* función. Nunca intentes pasar por alto tu culpabilidad antes de pedirle ayuda al Espíritu Santo. Esa es *Su* función. Tu papel consiste únicamente en estar dispuesto, aunque sea mínimamente, a que Él elimine todo vestigio de odio y de temor y a ser perdonado.

(T-18.V.2:1-5)

Como vemos, no tenemos que hacer nada, y cuando no se tiene que hacer nada, no hay necesidad de tiempo.

No hacer nada es descansar, y crear un lugar dentro de ti donde la actividad del cuerpo cesa de exigir tu atención. A ese lugar llega el Espíritu Santo, y ahí mora. Él permanecerá ahí cuando tú te olvides y las actividades del cuerpo vuelvan a abarrotar tu mente consciente.

(T-18.VII.7:7-9)

Viviremos en el instante santo cuando nuestra mente se haya liberado de todo juicio. En este sentido, solo se necesita una pequeña dosis de buena voluntad para dejar que Él haga lo necesario para eliminar el juicio de nuestra mente.

Dejar de juzgar

En el mundo real, dejar de juzgar no resulta difícil ni sacrificado. Se es plenamente consciente de que juzgar es imposible, y se deja de hacerlo con profundo alivio.

Sabemos que no podemos juzgar, porque ni el mismo Dios tiene este atributo. Por eso, el Juicio Final es el final de los juicios, cuando la mente despierta del sueño de juicios al mundo real, que es ausencia de ellos.

Los juicios mantienen vigente el mundo de la ilusión. Al dejarlos, nos adentramos en el mundo inocente, que nos permite vivir en el ahora, un eterno estado de no juicio. Entonces el perdón se hace innecesario, porque ya no hay juicios ni culpables. El perdón también es una ilusión, por eso en el mundo real desaparece. No es útil ni tiene sentido. Dios no nos puede perdonar porque Él no ve nada que merezca tal respuesta. En su Mente Una no está este concepto.

Depositemos dulcemente en la Mente Una todos los problemas, todas las vicisitudes, todas las necesidades. Hagámoslo sin pesar y con la tremenda alegría de que Él nos proporcionará toda la paz requerida para hacer nuestra labor en este mundo, donde la alegría, la risa y la despreocupación tanta necesidad tienen de nuestra santa visión y de la certeza de que todos estamos unidos y formamos parte de la Mente Una, divina.

El milagro

Puede parecer que *Un curso de milagros* enseña a hacer milagros y, además, que estos son diferentes. Vaya, que existe una jerarquía en los milagros, de los más fáciles a los más difíciles. Esta es una percepción del ego, que, al vivir inmerso en una jerarquía de valores, piensa que debe haber una jerarquía de milagros.

Nada más lejos de la realidad: el *Curso* enseña que solo existe un milagro, que no hay niveles ni jerarquías, que el milagro no hace nada, que en realidad deshace la percepción que teníamos del mundo, cambiándola por la percepción inocente que nos permite ver el mundo real. Este es el milagro que persigue el *Curso*: que despertemos a la auténtica visión del mundo, que nos liberemos de los valores que nos mantienen atados a él.

El milagro, como el perdón, también es un sueño. De hecho, es el modo de operar del Espíritu Santo en este mundo del ego o de la ilusión.

No existen curaciones milagrosas, sino milagros de curación. Las primeras tienen por real la enfermedad; los segundos la consideran un error en la mente, que debe sanar cambiando de percepción.

La curación se produce por la sanación de la mente que creía que la enfermedad era posible al margen de su voluntad. Los milagros son naturales y se presentan de forma constante y precisa. Una mentalidad milagrosa precede todo estado de curación; la mente recuerda que lo que ve es falso. No intenta cambiar nada. Simplemente, allana el camino de regreso a casa, porque no alimenta el error. Es una mente que no sustenta juicios, una mente en la que el perdón mora a la espera de ser utilizado.

Esta frase, a mi entender, define el milagro:

> El más santo de todos los lugares de la tierra es aquel donde
> un viejo odio se ha convertido en un amor presente.
>
> (T-26.IX.6:1)

El milagro siempre es un cambio de percepción. La mente milagrosa, cuando vive una situación determinada, pregunta para qué es, cuál es su propósito. No trata de proyectar la culpa en los demás ni en ella misma; simplemente, comprende que todo tiene un sentido.

Un curso de milagros nos enseña que nosotros no sabemos qué milagro hacer, pero recibiremos inspiración, pues tener una mentalidad milagrosa significa tener una mente presta a oír los dictados del Espíritu Santo.

La mentalidad milagrosa es la extensión del Espíritu Santo en nuestras mentes. El capítulo 1, «El significado de los milagros», dice en el apartado 12 de la sección I que los milagros son pensamientos. Por eso, es importante dejar que los pensamientos del Espíritu Santo llenen nuestra mente.

Una mente milagrosa es una mente que nos libera del tiempo. Es más, puede colapsarlo en grandes cantidades. Los milagros ahorran tiempo porque eliminan culpabilidad, principal causa de las ataduras al mundo de la ilusión.

> Tienes el poder de obrar milagros. Yo te proveeré las oportunidades para obrarlos, pero tú debes estar listo y dispuesto. El obrarlos trae consigo convicción en la capacidad, ya que la convicción llega con el logro.
>
> (T-1.III.1:7-9)

> La naturaleza impersonal de la mentalidad milagrosa asegura tu gracia, pero solo yo estoy en posición de saber dónde pueden concederse.
>
> (T-1.III.8:5)

En el mundo real, los milagros también se hacen innecesarios, porque la mente, que se ve en la Mente Una, sabe que lo tiene todo y que todo está a su servicio para realizar su obra.

14

LA JUSTICIA DE DIOS

El camino de regreso a casa está llegando a su fin. Hemos tomado conciencia de multitud de cosas: de quiénes somos realmente, de que vivimos en un mundo irreal, de que la realidad que percibimos y que nos parece tan sólida es una creación de nuestra conciencia y de que esta se halla conectada a la Conciencia o Mente Original. También sabemos que estamos en una encrucijada: la encrucijada final. Podemos seguir el camino que nos llevará a más penalidades y sacrificios, donde el pecado sigue existiendo en las mentes, donde se piensa y se cree que hay que adorar a una divinidad de la cual estamos alejados por la culpa. Es un camino que nos llevará a otros mundos, también holográficos, cada uno con diferentes niveles de conciencia, con diferentes niveles de despertar, aunque en todos se sigue creyendo que se está separado del Todo, a pesar de que sea una creencia débil.

El otro camino nos conduce directamente a casa. En él renunciamos a todo lo recorrido hasta ahora. Es un lugar previo a la entrada final a la Mente Una. Nuestro despertar nos ha llevado allí en un viaje sin distancia ni tiempo. Ya no existe ni la más mínima traza de miedo; es más, nos hemos olvidado de él. Sabemos quiénes somos y cuál ha sido, es y será nuestra función especial. Nos hemos convertido en apóstoles de lo divino, no por lo que hacemos, sino por cómo vemos el mundo. La justicia de Dios se manifiesta plenamente en nosotros. Por fin, podemos ver la faz de Cristo, que es el perdón en toda su amplitud. Por fin, vemos que todos los hermanos están libres de pecado. Por fin, vemos la expansión del perdón que deshace el mundo de la ilusión y todos los estadios intermedios.

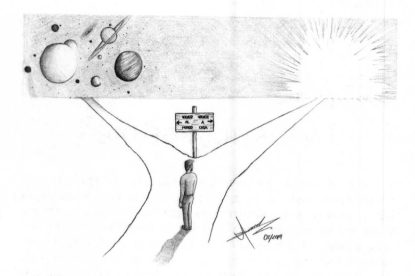

Sanar la percepción

Para reinstaurar la justicia de Dios en la mente tenemos que sanar la percepción por completo. De hecho, este es el principal objetivo antes de alcanzar la plenitud de la paz interior.

Ahora, somos conscientes de que nuestra forma de ver el mundo se ha basado en las interpretaciones de la mente en función de programas que están en ella. El mundo que vemos es la manifestación de nuestro estado mental, que nos ha mantenido atrapados por la individualidad durante eones. Esta creencia nos ha llevado a deambular por diferentes situaciones en este mundo y en otros paralelos, todos ellos proyecciones de la mente dividida y temerosa. La mente ha creado mundos con seres terroríficos, seres que surgen del miedo más profundo del alma que cree vivir en la soledad. No hay mayor infierno que este: creerse separado de la Fuente y creer que Ella está enfadada por lo que hemos hecho o, mejor dicho, por lo que creemos haber hecho.

Lo primero que se debe sanar es la percepción de estar en un cuerpo, pues supone una gran limitación. Nos hemos proyectado en el cuerpo. Mejor dicho, una parte de nosotros —no olvidemos que somos mente— se ha proyectado en un holograma llamado cuerpo, olvidando que seguimos unidos a nosotros mismos en la Mente Original.

Este gran error nos ha llevado a vivir la experiencia de la separación hasta tal punto que se convirtió en una historia real para nosotros. Nos hemos identificado plenamente con el cuerpo. Al despertar, empezamos a utilizarlo de otra manera. Ahora, sabemos que es el vehículo que hemos fabricado para lidiar con la experiencia de la separación. Lo entregamos al Espíritu Santo para que, en este mundo de espacio-tiempo, lo emplee para la comunicación.

> El cuerpo no tiene necesidad de curación. Pero la mente que cree ser un cuerpo, ciertamente está enferma.
>
> (T-25.In.3:1-2)

> La percepción es la elección de lo que quieres ser, del mundo en el que quieres vivir y del estado en el que crees que tu mente se encontrará contenta y satisfecha.
>
> (T-25.I.3:1)

Cuando sanamos la percepción, cuando dejamos que el cuerpo sea utilizado por el Espíritu Santo, entonces la Mente Original envuelve al cuerpo. A esto se lo llama la manifestación del Cristo en nosotros, y es posible porque ya hemos dejado de identificarnos con el cuerpo.

La percepción ha sido plenamente sanada, ya no esperamos encontrar en el mundo de la ilusión nada que sea verdad, porque es el mundo de la mentira. Es un sueño en el que Dios está muy alejado de nosotros: esta es «la gran mentira» en la que hemos vivido durante eones.

Este despertar es posible gracias a la acción del Espíritu Santo:

> El Espíritu Santo es el vínculo entre la otra parte —el demente y absurdo deseo de estar separado, de ser diferente y especial— y el Cristo, para hacer que la unicidad le resulte clara a lo que es realmente uno. En este mundo esto no se entiende, pero se puede enseñar.
>
> (T-25.I.5:5-6)

> La función del Espíritu Santo es enseñarte cómo experimentar esta unicidad, qué tienes que hacer para experimentarla y adónde debes dirigirte para lograrlo.
>
> (T-25.I.6:4)

La ley básica de la percepción es:

> [...] «Te regocijarás con lo que veas, pues lo ves para regocijarte». Y mientras creas que el sufrimiento y el pecado te pueden proporcionar alegría, seguirán estando ahí para que los veas. Nada es de por sí perjudicial o beneficioso a menos que así lo desees.
>
> (T-25.IV.2:1-3)

Esta es una declaración de que aquí, en este mundo, nuestro único poder es el de elegir cómo ver el mundo y los acontecimientos que nos rodean. Es una magnífica oportunidad de poner en marcha una nueva manera de percibir, previa entrega al Espíritu Santo para que nos guíe. No confiemos en nuestras buenas intenciones, porque el ego siempre está presto a engañarnos. Hemos decidido ver al hermano como a nosotros mismos, unidos a él en la mente, respetando que viva de forma diferente. Pero ello no nos lleva a creer que seamos diferentes.

Ha desaparecido de la mente el deseo de atacar. Ya no vemos ninguna culpa en los demás y, por lo tanto, desaparece la razón para percibir. Nos convertimos en salvadores para nuestro hermano, y él lo es para nosotros porque, por fin, nos vemos en él; y sus errores, que han sido los nuestros, quedan deshechos porque nuestra santa visión no los hace reales.

Nuestra función especial

Es el momento de tomar plena conciencia de qué es lo que debemos hacer en este proceso de deshacimiento del mundo que hemos fabricado junto con nuestros hermanos.

Cada uno tiene una función especial, asignada para que la salvación sea posible:

> Y el plan no se habrá llevado a término hasta que cada cual
> descubra su función especial y desempeñe el papel que se le
> asignó para completarse a sí mismo en un mundo donde rige
> la incompleción.

(T-25.VI.4:3)

La función de cada uno está oculta en todos los procesos de las relaciones interpersonales. En ellas, cada uno ejerce el papel que le corresponde para el despertar. No hay funciones mejores ni peores. No todos tenemos que desempeñar el papel de ascetas, de santos. Muchas veces, nuestro papel es el de victimarios, para que el que hace de víctima aprenda sus lecciones. Víctimas y victimarios son diferentes caras de la misma moneda. Esto es así porque las enseñanzas del Espíritu Santo deben extenderse en un mundo donde rige la dualidad. Sus enseñanzas deben verse y sentirse en un mundo dual, en el que la creencia en la separación es la única verdad. El *Curso* deja muy claro que, en este mundo, todas las enseñanzas se basan en la función especial que cada uno debe cumplir para que finalmente se comprenda que causa siempre es igual a efecto.

Puede resultarnos difícil aceptar nuestra función especial, pero, en el fondo, todas ellas tienen el mismo propósito: vivir en el perdón.

Voy a poner un ejemplo bíblico. Cuando Herodes perseguía al Mesías, implementó todos los medios para encontrar a Jesús y asesinarlo; y muchos niños murieron a causa del decreto de Herodes o, dicho de otra manera, a causa de la venida del Mesías a la Tierra.

Desde el punto de vista del ego, esto es patético. Viene el Mesías a salvar al mundo y la primera acción que provoca es la muerte de niños inocentes.

Desde la perspectiva del Espíritu Santo, cada uno cumplió el papel que le correspondía para enseñarnos que el valor de la vida en este mundo es ínfimo, por no decir inexistente. Unas almas se ofrecieron en este «teatro de la vida» para que otras pudieran asesinar, con el fin de que otras almas aprendieran a superar la pérdida en este mundo de ilusión. Todo tiene una razón de ser que solo conoce el Espíritu Santo, el único mensajero de Dios.

> El perdón es la única función que tiene sentido en el
> tiempo. Es el medio del que el Espíritu Santo se vale para
> transformar el especialismo de modo que de pecado pase
> a ser salvación.
>
> (T-25.VI.5:3-4)

La justicia de Dios se manifiesta en este mundo mediante la salvación, que se debe alimentar de la nueva percepción que cada Hijo de Dios sostiene al extender su visión.

> La salvación no es más que el recordatorio de que este mundo
> no es tu hogar. No se te imponen sus leyes, ni sus valores
> son los tuyos. Y nada de lo que crees ver en él se encuentra
> realmente ahí. Esto se ve y se entiende a medida que cada
> cual desempeña su papel en el des-hacimiento del mundo, tal
> como desempeñó un papel en su fabricación.
>
> (T-25.VI.6:1-4)

El *Curso* nos enseña que hay una función especial más general: «Tu función especial es aquella forma en particular que a ti te parece más significativa y sensata para demostrar el hecho de que Dios no es demente» (T-25.VII.7:1).

Además, nos enseña a llevarla a cabo de una forma que nos dé paz y tranquilidad: «A Él le es dado elegir la forma más apropiada para ayudar al demente: una que no ataque el mundo que este ve, sino que se adentre en él calladamente y le muestre que está loco» (T-25.VII.8:3).

Esto debe ser así porque, si queremos cambiar lo que vemos y convencer a nuestro hermano de que está equivocado, él percibirá ataque en nosotros y reforzará su postura. El ataque lo único que hace es dar «realidad» al sueño de separación. Esto se hace constantemente en el mundo de la separación: medio mundo quiere cambiar al otro medio, y cada uno ve en el otro sus propios diablos.

No hay que tratar de entender el mundo, porque no es posible. No hay nada en el mundo que sea real, no tiene sentido ni razón de ser.

El mundo tiene sus propias leyes, creadas por el Hijo de Dios para sustentar una ilusión en la que la supervivencia siempre es a costa del otro. La muerte reina por doquier, y nada nace para no morir. Pero la muerte no es posible, y lo que llamamos muerte solamente es la expresión de un estado de conciencia en el que se cree que todo tiene un fin.

La justicia: ganar y perder

> La justicia contempla a todos de la misma manera. No es justo que a alguien le falte lo que otro tiene.
> (T-25.VIII.4:2-3)

Ser justo es ser equitativo; la justicia es la ausencia de venganza. En nuestra mente, ya no reside el pensamiento de que alguien tiene que perder y otro debe ganar para que se haga justicia. Ya sabemos que cada cual tiene su justo merecido, no como un acto de castigo, sino como un acto creativo de cada quien. Si seguimos sintiéndonos especiales, nos consideramos diferentes de nuestro hermano, e impedimos que reine la justicia.

No caigamos en la trampa de hacer real lo que no lo es. Ignoramos por qué un hermano desempeña determinado papel en una situación. Su aparente ataque es una oportunidad para practicar el perdón. ¿Dónde está la justicia? Esta se manifiesta precisamente en la situación misma, por eso es tan importante despertar a la verdad de que todo tiene su razón de ser.

Entiendo perfectamente que alguien se tome la justicia por su mano. Comprendo que, ante el dolor de la pérdida de un ser querido a manos de un «desalmado», se manifieste el deseo de matar. Pero ese no es el camino; el auténtico camino nos lo enseñó Jesús el Cristo al manifestar su amor con el acto de la crucifixión. «¿Qué había hecho Él para merecer tamaño castigo? ¡Fue una injusticia!», claman muchos. Otros piensan que, si el Hijo más grande de Dios tuvo que pasar por eso, entonces, para limpiar nuestros pecados, hemos de sufrir y sacrificarnos. Así nace la idea del mártir.

Nada más lejos de la verdad. La lección más importante no fue la crucifixión, sino la resurrección. Enseña que el cuerpo no existe, que no tiene ningún valor en el Cielo, sino solo en la Tierra. El cuerpo, como nos dice el *Curso*, no existe ni por un instante; es la base del sueño y, por lo tanto, no es real.

> Tú no puedes ser tratado injustamente. La creencia de que
> puedes serlo es solo otra forma de la idea de que es otro, y no
> tú, quien te está privando de algo. La proyección de la causa
> del sacrificio es la raíz de todo lo que percibes como injusto y
> no como tu justo merecido.
>
> (T-26.X.3:2-4)

Por eso, el *Curso* nos enseña a poner en manos del Espíritu Santo cualquier situación que consideremos injusta. Él restaurará la justicia del Cielo en la Tierra, y así todos podremos liberarnos del dolor y de la pérdida. Para aprender el *Curso* es crucial el pensamiento de que *nadie debe perder* anide en nuestra mente.

> Puedes estar seguro de que la solución a cualquier
> problema que el Espíritu Santo resuelva será siempre una
> solución en la que nadie pierde.
>
> (T-25.IX.3:1)

> Entregarle un problema al Espíritu Santo para que Él lo
> resuelva por ti, significa que *quieres* que se resuelva. Mas no
> entregárselo a fin de resolverlo por tu cuenta y sin Su ayuda, es
> decidir que el problema siga pendiente y sin resolver, haciendo
> así que pueda seguir dando lugar a más injusticias y ataques.
>
> (T-25.IX.7:5-6)

15

LA REFLEXIÓN FINAL: LA SALVACIÓN

Entonces, ¿qué es la salvación?

La salvación no es un hacer, no es un camino de pruebas que nos colocan en nuestro justo lugar. La salvación no es un esfuerzo que el Hijo de Dios debe realizar a fin de alcanzar el nivel adecuado para entrar en el Cielo, pues el Cielo no es un lugar, sino un estado mental. Es una posición donde nuestra mente nos permite estar, nuestra propia valoración de quiénes somos en realidad.

La salvación es el proceso de quitarle valor a las cosas que el mundo se empeña en valorar. Cosas como el sacrificio, el sufrimiento y el dolor, como medios para alcanzar la redención y la gloria. Es tomar conciencia de que no tenemos que identificarnos con el cuerpo y de que no es necesario hacerle pasar penalidades, como vestir taparrabos, darle de comer solo ciertas cosas o envenenarlo con drogas, algunas de ellas legales, porque dicen que nos pueden curar. Todos estos principios mágicos parten de la creencia de que algo externo a nosotros puede amarnos o herirnos.

La salvación consiste en deshacer la creencia de que somos un cuerpo; ponerlo en manos del Espíritu Santo siendo conscientes de que no puede darnos placer ni dolor, de que todo está en la mente y de que constantemente elegimos cómo ver e interpretar el mundo.

La salvación es deshacer la creencia de que lo que vemos es verdadero, de que nuestra visión es cierta y de que las cosas son como creemos y como las percibimos. Es poner en entredicho la propia forma de ver y, por supuesto, de juzgar.

La salvación es darse cuenta de que no podemos juzgar porque juzgar es imposible y, por lo tanto, ya no vale la pena intentarlo. Esto produce una gran liberación, y el primer beneficiado es el cuerpo.

La salvación es darse cuenta de que lo que llamamos enfermedad es solamente una forma de vivir y de entender la vida. De que hay que sanar la mente, pues ella es la única creadora de nuestra «realidad».

La salvación consiste en comprender que todas nuestras relaciones son oportunidades para sanarnos y que, como vivimos en un mundo dual, el Espíritu Santo nos enseña a través de la dualidad. El efecto espejo es un recurso extraordinario que nos permite vernos a nosotros mismo en los demás.

La salvación es darse cuenta de que nuestro hermano es nuestro salvador y nosotros somos el suyo, pues todos estamos unidos y todos los acontecimientos tienen este propósito.

La salvación es el proceso de deshacer las creencias, porque ahora sabemos que todas ellas son muros que levantamos entre nuestro corazón y la Voz de Dios.

La salvación es aplicar la visión a todas las cosas, decidir ver la santidad del hermano en lugar de su cuerpo.

La salvación es darse cuenta de que este es un mundo de conceptos, y que cambiarlos es el camino ideal para deshacer nuestra percepción.

La salvación es una reinterpretación del tiempo. Se toma plena conciencia de que el pasado no existe. Si, aun así, queremos recurrir a él, entonces recordemos solamente los actos de amor que hemos ofrecido y recibido. Esta es una manera de cambiar nuestros sueños de miedo, dolor y sufrimiento por sueños felices.

La salvación consiste en saber que estamos en un sueño y que somos sus hacedores. Ya no culpamos de nuestros problemas a nadie, ni a nosotros mismos. Sabemos a ciencia cierta que todo lo que vivimos son diversos aspectos de nuestros juicios.

La salvación es la alegría de saber que podemos caminar por el mundo con una visión santa y contemplarlo de otra manera, de modo que esta información que ofrecemos sin alterar a nadie pueda ser recogida por nuestros hermanos cuando ellos deseen.

La salvación es vivir con plena conciencia la siguiente frase:

> Soy tal como Dios me creó.
> Su Hijo no puede sufrir.
> Y yo soy Su Hijo.
>
> (T-31.VIII.5:2-4)

EPÍLOGO

Hemos llegado al final del libro. Pero, como diría el *Curso*, esto no es el final, sino el comienzo. En este libro, se enseña una nueva forma de pensar; es una enseñanza radical, tal como la expresa *Un curso de milagros*. No hay términos medios; se experimenta o no se experimenta, eso es todo.

Esta obra pretende ser un recurso para despertar y tomar plena conciencia de que lo que hemos vivido nunca sucedió, de que todo fue un sueño, un sueño de separación, de sufrimiento, de dolor y de muerte. Por eso, no es real. De serlo, ciertamente, Dios sería cruel.

Se trata de recuperar el poder que creímos perdido, de darnos cuenta de que hasta este momento lo hemos proyectado afuera; le hemos dado ese poder a todo aquel que creíamos que podía salvarnos o hacernos daño. He aplicado lo que el *Curso* dice repetidamente: si quieres algo, enséñalo, para así poder tenerlo.

Hemos de comprender que dar es la forma de ganar: todo lo que ofrecemos nos lo damos a nosotros mismos, pues no somos entes separados, sino infinitas expresiones de lo mismo. Nuestra grandeza está en nosotros, y lo único que debemos hacer es dejar que esta Mente Superior se exprese en nuestras vidas.

El perdón es el gran recurso para deshacernos de la inexorabilidad del tiempo. El perdón solo es necesario en el mundo de la ilusión. Dios desconoce este concepto porque Él no juzga.

Hemos de tomar conciencia de que la culpabilidad es la más oxidante de las creencias, y se expresa en nuestro cuerpo con infinidad de alteraciones fisiológicas. El ego erige su iglesia en la creencia de la culpa y el pecado.

Pretendo que nos demos cuenta de que, en este mundo de ilusión, vivimos programados por creencias de nuestros ancestros, que nos hacen repetir sus errores con la esperanza de que despertemos y liberemos al inconsciente colectivo de toda esta lacra. Por eso, el *Curso* nos dice que los perdonados deben dedicarse a sanar, porque son los salvadores del mundo. Un salvador del mundo no ve el pasado de nadie. Tiene una visión santa: no ve pecados, sino errores. Pero no los refuerza con sus juicios, porque ha entregado su percepción al Espíritu Santo, que le enseña a percibir sin juzgar.

Quiero insistir en que no hay término medio en la enseñanza del *Curso*: seguimos el camino del ego o el del Espíritu Santo. Viviremos en este mundo según el maestro que hayamos elegido.

Somos hijos de Dios. Esta es la verdad que debemos recuperar en nuestras mentes. Esta es la verdad que nos hará libres: que vivimos en el poder supremo de Dios, y no en la ilusión de la separación que nos esclaviza y nos hace sufrir.

Dejemos de juzgar y de proyectar, o, al menos, dejemos de identificarnos con nuestras proyecciones. Démonos cuenta de que todo lo que nos rodea habla de nosotros; nuestro universo particular es la proyección de nuestro inconsciente. Integremos nuestras mentes y amemos a nuestros opuestos como a nosotros mismos.

El mundo real está aquí, frente a nuestros ojos. Permitamos que el Espíritu Santo nos quite la venda, para que nuestros cansados ojos puedan percibir un mundo lleno de paz. Renunciemos a nuestros valores y creencias. No son la verdad, solo recursos que hemos empleado hasta ahora para vivir en el mundo de la ilusión. Si lo permitimos, se nos darán los medios y las condiciones para ver este nuevo mundo. Pero, para ello, debemos «sacrificar» todo aquello que nos separa de nuestros hermanos y aceptar que viajamos juntos en este viaje sin distancia.

Alegrémonos de poder ver nuestras creencias en todo lo que nos rodea y, como dice el *Curso*, de tener el poder de cambiarlas.

Recordemos que el secreto de la salvación es saber que todo lo que nos ocurre lo hemos elegido nosotros. Que cada experiencia es una nueva oportunidad de perdonar, para así eliminar la gran culpa inconsciente.

Llevando paz a nuestros corazones, la llevamos a los de nuestros hermanos, porque todos somos Uno y, cuando uno permite la entrada de la paz en su corazón, todos nos beneficiamos y tenemos la oportunidad de abrir las puertas del nuestro para ser bendecidos por esta Paz Eterna.